京都「CHIPPRUSON(チップルソン)」の天然酵母パン

——— 初めてでもおいしく焼ける　　斉藤ちえ

天然酵母パンを家でおいしく焼くために
CHIPPRUSONが提案する5つのこと

本書では、家庭でもおいしいパンを焼いていただけるよう、私が長年研究してきた工夫やテクニックをふんだんに盛り込んだレシピを紹介しています。パン作りに取りかかる前に、まず本書の軸となる「5つの提案」をみなさんにお伝えしたいと思います。

各家庭でゆっくりと育てた「マイ天然酵母」で焼きましょう

本書でみなさんにお伝えしたいこと。それは「家庭でここまでおいしいパンが焼けるんだ」ということです。そのために、「マイ天然酵母」を持つことを提案します。手作りした酵母が各家庭の環境になじんでくると、世界のどこにもない「その家の味のパン」が焼けるようになります。家の味噌汁がその人にとって一番おいしい味噌汁であるように、食べてほっとするパンこそが家庭で焼くパンの醍醐味だと思うからです。本書では、私があらゆる果物や野菜で試してきた中で最も作りやすく、パンを焼いた時にフルーティーな香りが感じられる、レーズンの天然酵母の製法をお伝えします。最初に仕込む際の材料は、惜しみなくいいものを使ってください。焼き上げたパンの味わいに確実に返ってきます。

焼き上がりの美しさより生地のおいしさを優先しましょう

パン作りを趣味にされている方から「お店のパンみたいに膨らまない」「クープがきれいに開かない」といった悩みをお聞きすることがあります。私も本書に取りかかる前は「家庭でもお店のように美しく焼けるレシピ」を目指していました。が、やはり家庭用オーブンではどうしても無理がありました。試作を重ねて疲れ果てた時、「お店のようなパンを目指す必要があるのだろうか？ 家庭のパンには家庭のパンの良さがあるのではないか？」という思いが湧き上がってきました。その瞬間、「どんな粉を使ってもおいしく仕上がる生地を作ろう」という考えに変わったのです。焼き上がりの美しさはお店ほどではないかもしれません。でも本書には、味を最優先にした生地のレシピが載っています。

6種の「きほんの生地」を覚えてアレンジしましょう

本書では6種の「きほんの生地」をベースに、アレンジによって計20種類のパンが焼けるよう設計しました。6種のきほんの生地とは、1）豆乳ロール・パン、2）フォカッチャ、3）山食パン、4）ブリオッシュ、5）ベーグル、6）カンパーニュです。やわらかいパンからハード系まで、家庭でも十分なバリエーションを楽しんでいただけると思います。その口どけの良さと粉の甘みに「天然酵母パンは酸っぱい」というイメージも払拭されることでしょう。

「こね」の作業はホームベーカリーにまかせましょう

「どんな粉を使ってもおいしく仕上がる生地」を作るためには、熟練した「こね」の技術が必須です。しかし、手ごねはどうしてもブレが起こりやすく、パンの焼き上がりの成否を決定的にしてしまいます。本書では安定した生地を作るために、この「こね」の作業については、ホームベーカリーの「こね機能」を利用する方法を採用しています。ただし、各レシピで「13分」「7分」という風にこね時間を厳密に指定していますので、ホームベーカリー内蔵のタイマーではなく（10分単位で設定する機種が多い）、別途キッチンタイマーを用意して計ってください。

自宅の環境に合った温度管理方法を把握しましょう

天然酵母のパン作りにおいて最も重要かつ難しいのが温度管理です。本書では、温度管理がストレスにならないよう指定温度に幅をもたせました。数日かかる天然酵母作りには安定した温度環境を維持できるヨーグルトメーカーやオーブンの発酵機能の利用が安心ですが、パン生地作りには家の中のあたたかい場所を探す、湯たんぽや保冷剤を活用する（P.10で紹介）といったゆるやかな方法が合っています。パン作りに取りかかる前に自宅の環境に合った管理方法を把握しておきましょう。

もくじ

2	CHIPPRUSONが提案する5つのこと
4	もくじ
5	〈本書で使用した家電と道具のこと〉
7	はじめに

はじめに覚えたい
やわらかいパン

〈きほんの生地① 豆乳ロール・パン〉

9　豆乳ロール・パン

〈きほんの生地② フォカッチャ〉

13　プレーン・フォカッチャ／
　　柑橘のフォカッチャ

17　野菜のモザイク・パン

20　グラタン・パン

23　自家製トマト・ソースのピザ

25　フーガス

〈きほんの生地③ 山食パン〉

28　山食パン

32　山食ぶどうパン

34　塩パン

〈きほんの生地④ ブリオッシュ〉

37　ブリオッシュ生地のシナモン・ロール

41　クリーム・パン

43　パン・デ・ジェマ

45　メロン・パン

やや上級者向けの
ベーグル＆カンパーニュ

〈きほんの生地⑤ ベーグル〉

50　プレーン・ベーグル

54　ダブル・チョコ・ベーグル／
　　つぶつぶ玄米ベーグル

〈きほんの生地⑥ カンパーニュ〉

56　パン・ド・カンパーニュ

61　白いちじくとカシューナッツのカンパーニュ

64　レーズンとくるみのカンパーニュ

手作りの加工品
＆ときどきお菓子

〈加工品〉

68　自家製トマト・ソース

68　焙煎玄米

69　お豆腐入りカスタード・クリーム

70　柑橘のピール／柑橘のマーマレード

〈お菓子〉

72　チョコ・チャンク・クッキー

74　おからとアーモンドのタルト

76　パンケーキ

77　3色のスノーボール・クッキー

天然酵母パンに欠かせない
発酵種のきほん

80　発酵種の作り方
　　［STEP-1］レーズン液種の作り方

82　［STEP-2］元種の作り方

83　［STEP-3］発酵種の作り方

84　生地の〈折りたたみ〉と〈成形〉の解説

88　天然酵母パンのQ＆A

90　材料のこと

92　CHIPPRUSONのこと

96　プロフィール

本書の表示について
・1カップ＝200ml、大さじ1＝15ml、
　小さじ1＝5mlです。
・熱湯は98℃を想定しています。
・卵はMサイズを使用しています。

〈本書で使用した家電と道具のこと〉

ホームベーカリー、オーブン

生地の「こね」や「焼き」に使います。本書ではホームベーカリーの「こね機能」を活用するので全自動のものは避けます。「パン生地づくりコース」といった機能が付いているものなら大丈夫でしょう。本書ではパナソニックの「ホームベーカリー SD-BH1000（1斤タイプ）」を使用しました。オーブンは東芝の「石窯ドーム ER-JD510A」を使用しました。

湯たんぽ、保冷剤

パン生地の工程で指定された温度環境が用意できない時、オーブン庫内に置いて適温状態を作り出すのに使います。湯たんぽは金属製を避け、シリコン製やゴム製、ポリ塩化ビニール製の容量2ℓ程度のものを選びます。保冷剤は手のひら大のものを6〜8個用意しておくと便利でしょう。

ふた付きの食品保存容器

こねた生地を一次発酵させる時に使用します。生地の高さで発酵の進み具合を見るので、プラスチック製の半透明なもの、高さのあるものの方が適しています。本書では16×12×11cmのものを使用しました。

ざる、目の粗い綿布、キャンバス地の布、段ボール、タルトストーン

「パン・ド・カンパーニュ」「白いちじくとカシューナッツのカンパーニュ」「レーズンとくるみのカンパーニュ」に使います。「パン・ド・カンパーニュ」には直径約20cmのざるを、「白いちじくとカシューナッツのカンパーニュ」には直径約16cmのざるを使いました。目の粗い綿布は麻布でもかまいません。段ボールは取り板として、タルトストーンはカンパーニュ系パンの焼成時、オーブン庫内に蒸気を与えるのに使います。

ワンローフ、スキレット

ワンローフは「山食パン」「山食ぶどうパン」に、スキレットは「パン・ド・カンパーニュ」「白いちじくとカシューナッツのカンパーニュ」「レーズンとくるみのカンパーニュ」に使います。ワンローフは20×9×7cm、スキレットは直径23cmのものにクッキングシートを敷いて使用しました。

麺棒

麺棒はパンのガス抜き用に作られた表面に凹凸があるものを1本持っていると便利です。

はじめに

本書は、「CHIPPRUSON」の天然酵母パンのレシピを
徹底的に見直し、家庭向けに練り直した本です。

「CHIPPRUSON」の定番かつ人気のパンの味を、
一般的な材料、家庭のキッチン、家庭用オーブンで、
限りなく近く再現できるよう工夫しました。

日本で入手し得るあらゆる粉で焼いてきた
私の経験と感覚を全て投影して、省くべき工程は省き、
どんな粉で焼いてもおいしく仕上がるベーシックな生地の配合を載せています。

とはいえ、味わいの肝となる工程はしっかり残していますので、
ふだんからパン作りを趣味にされている方でも、
作りごたえを感じられるレシピになっているはずです。

私は、天然酵母パンの世界を膨大な量の本から学んできました。
つまり、私のパン作りの先生は本なのです。

私の経験を詰め込んだ本書がみなさんのパン作りの道しるべとなってくれたら、
これほど幸せなことはありません。

CHIPPRUSON
斉藤ちえ

はじめに覚えたい
やわらかいパン

まずは家族の誰もが喜ぶ、ふわふわもちもちの
やわらかい天然酵母パンを作ってみましょう。
そのままでおいしいシンプルな生地は
野菜やハーブ、ソースやクリームとも合わせやすく、
作り慣れれば、惣菜パンに、おやつパンにと、
限りなくバリエーションを増やせます。
きっと日々の食卓の強い味方となってくれることでしょう。

CHIPPRUSONの
豆乳ロール・パン

豆乳ロール・パン

パリッと焼けた皮ともちもちの生地についつい手が伸びる、たくさん食べられるタイプのテーブルパンです。豆乳を少量加えて小麦の甘みを引き出すことで、噛めば噛むほど味が深まる生地に仕上げました。100％植物性の食材で作る、アレルギー対応のレシピです。

きほんの生地①
豆乳ロール・パン

材料（6個分）

A
- 発酵種（P.80～83参照）……60g
- 無調整豆乳……20g
- 水……100g

- 太白胡麻油……10g
- 強力粉……170g
  ＋適量（打ち粉用、仕上げ用）

- きび糖……10g
- 塩……4g
- サラダ油……適量（食品保存容器用）

下準備

- 食品保存容器にサラダ油を適量たらし、キッチンペーパーで内側全体に薄く塗り広げておく。

こね

① 生地をこね始める直前に小さめのボウルに【A】を入れ、発酵種の塊を指先で軽く揉みながら水分となじませ、ゆるめておく。塊が多少残っていてもOK。

② ホームベーカリーのパンケースにパン羽根をセットし、①、太白胡麻油、強力粉、きび糖、塩の順に入れる。スタートボタンを押し、生地を13分こねる。

③ パンケースから生地をそっと取り出し、油を塗っておいた食品保存容器に移す。

※パンケースやパン羽根についた生地もゴムべらでやさしくこそぎ、全量使いきること。

放置（酵母の活性化）→ 冷蔵（一次発酵）

④ 食品保存容器にふたをし、25～30℃の環境に1～2時間置く（指定の温度環境が用意できない場合は下記のCHIP'S MEMOを参照）。この段階での生地の高さがわかるよう、マスキングテープなどで印をつける。ふたをしたまま冷蔵庫に移し、一晩、一次発酵させる（最低8時間。この状態で最高36時間まで保存可能）。

CHIP'S MEMO　指定の温度環境が用意できない時は

パン生地の〈放置〉の工程で指定されている温度環境が用意できない場合は、オーブン庫内に湯たんぽまたは保冷剤を置くことで適温状態を作り出す右記のアイデアを試してみてください。オーブン庫内が狭く、湯たんぽまたは保冷剤とパン生地を離した状態で入れられない場合は、大きめの発泡スチロール箱やクーラーボックスなどで行ってもかまいません。
いずれの場合もパン作りに取りかかる前に一度試し、実際に適温をキープできるかどうか確かめておくと安心です。例えばオーブンと湯たんぽの場合なら、庫内に湯たんぽと温度計を置いた状態（離しておくこと）で1時間ほど庫内温度の経過を観察し、その結果を基準にして湯たんぽの湯量を増減する、湯を入れ替えるタイミングを工夫するなどの調整方法を探ってみてください。

〈温度を上げたい場合：オーブン＋湯たんぽ1個〉
①湯たんぽの中に熱湯を注いで捨てる（中を温めるため）。②温度計で測って60℃くらいの湯を用意し、湯たんぽに注いで栓をしっかり閉める。③電源オフ状態のオーブン庫内に湯たんぽと生地が入った食品保存容器（または生地をのせた天板）を離して置き、オーブンのドアを閉めて指定時間に従い放置する。④放置時間が1時間以上の場合は、1時間を過ぎた時点で湯たんぽを出して中の湯を捨て、再び60℃くらいの湯を注いでオーブン庫内に置き直す（庫内の温度が変わりやすいので出し入れは素早く行う）。
※湯たんぽは金属製を避け、やさしく熱を伝えるシリコン製やゴム製、ポリ塩化ビニール製の容量2ℓ程度のものがおすすめ（ただし自宅のオーブン庫内に入るかどうかサイズをよく確認のこと）。ガスオーブンなどの庫内が広いオーブンには2個用意した方がいい場合も。熱湯を扱うのでやけどに注意。

〈温度を下げたい場合：オーブン＋保冷剤6～8個〉
①保冷剤6～8個を冷凍庫で凍らせておく。②電源オフ状態のオーブン庫内に保冷剤3～4個（隅に1個ずつ置くとよい）と生地が入った食品保存容器（または生地をのせた天板）を離して置き、オーブンのドアを閉めて指定時間に従い放置する。③放置時間が1時間以上の場合は、1時間を過ぎた時点で新たな保冷剤と交換する（庫内の温度が変わりやすいので出し入れは素早く行う）。
※保冷剤は手のひら大のものを6～8個用意しておくと個数の増減や交換回数によって温度を調整しやすい。最初は3個＋交換用3個で試し、その結果を基準にして適温をキープできる個数や交換のタイミングを探るとよい。

⑤ 放置(酵母の活性化)

冷蔵庫から出し、容器内に空気が入るようふたを軽くのせた状態にして再び25〜30℃の環境に2〜5時間置く。④でつけた印を目安に、約2倍の高さに膨らむまで待つ。
※2回目の放置では酵母に酸素を与えて活性化をより促すため、密閉しないようにする。

⑥ フィンガーチェック

生地の発酵具合を確認する。生地の表面に茶こしで軽く強力粉をふり、中央に人差し指を垂直に底まで差し込む。徐々に生地が戻り、穴の奥が閉じたらOK。
※この時、茶こしで粉をふった面がパンの表側(パンの顔)となるので覚えておく。

⑦ 分割、折りたたみ

作業台に茶こしで軽く強力粉をふる。その上に生地の入った食品保存容器を逆さにして置き、生地が落ちるスピードに任せるようにして取り出す。
※生地をいためる原因となるので必要以上に触らないようにする(特に側面)。

⑧

生地を表に返し、カードで生地を6等分(1個約60g)する。

⑨

カットした生地を、P.84を参考に折りたたみ、クッキングシートを敷き茶こしで軽く強力粉をふった天板に生地の閉じ目を下にしてのせる。残り5個も同じように行う。

⑩ 放置(ベンチタイム) → 成形

25〜30℃の環境に30分〜1時間置く。

成形

⑪ 作業台に表を上にしたまま生地を置き、生地の表面に茶こしで軽く強力粉をふる。

生地の周囲を手の平でやさしく押し、もとの2倍くらいの半球状に広げるイメージで空気を抜く。

生地を裏返し、上から3回くるくる丸めて細長い棒状にする。

巻き終わりを指でキュッとつまんで閉じる。

そのまま両手で転がし、右側がすぼんだしずく形にする。

閉じ目を上に、すぼんだ方を手前にして縦にし、手前から麺棒を転がして空気を抜き、平らにする。

向こう側から3回くるくる丸める。

巻き終わりを指でキュッとつまんで閉じる。

改めてクッキングシートを天板に敷き、生地の閉じ目を下にしてのせる。

放置（二次発酵）→焼き

⑫ 25～30℃の環境に1～2時間置き、二次発酵させる。生地が一回り大きくなり、手で触ると表面がふわふわになっているのを確認したら、オーブンを210℃に予熱する。予熱が完了したら、生地の表面に茶こしで薄く強力粉をふり、オーブンに天板を入れて9分焼く。焼き上がったパンを網にのせ、粗熱がとれたら出来上がり。

CHIP'S MEMO

市販の一般的な強力粉でも十分おいしく作れますが、強力粉全量を「キタノカオリ」に置き換えるとよりおいしいでしょう。さらに言えばキタノカオリ130g+「香麦」40gで作るとCHIPPRUSONの味に近づきます。

CHIPPRUSONの
プレーン・フォカッチャ
／柑橘のフォカッチャ

プレーン・フォカッチャ / 柑橘のフォカッチャ

オリーブオイルの青い香りが食欲を誘うイタリア風パンです。実は「豆乳ロール・パン」の太白胡麻油をオリーブオイルにするだけですが、パスタやパニーニにぴったりの本格的な味に仕上がります。成形も簡単。ローズマリーと岩塩をふって食事のお供にするもよし、柑橘のピールを混ぜて甘く爽やかにするもよし。柑橘のピールは市販品でもかまいませんが、果汁を使ったとびきりジューシーなレシピをP.70で紹介しますので、ぜひ手作りしてみてください。

きほんの生地②
フォカッチャ

プレーン・フォカッチャ

材料（6個分）

A　発酵種（P.80～83参照）……60g
　　無調整豆乳……20g
　　水……100g

オリーブオイル……15g＋適量（仕上げ用）
強力粉……170g＋適量（打ち粉用）
きび糖……10g
塩……4g
ローズマリー（乾燥）……適量
岩塩……適量
サラダ油……適量（食品保存容器用）

下準備
・食品保存容器にサラダ油を適量たらし、キッチンペーパーで内側全体に薄く塗り広げておく。

こね

① 生地をこね始める直前に小さめのボウルに【A】を入れ、発酵種の塊を指先で軽く揉みながら水分となじませ、ゆるめておく。塊が多少残っていてもOK。

② ホームベーカリーのパンケースにパン羽根をセットし、①、オリーブオイル、強力粉、きび糖、塩の順に入れる。スタートボタンを押し、生地を13分こねる。

③ パンケースから生地をそっと取り出し、油を塗っておいた食品保存容器に移す。
※パンケースやパン羽根についた生地もゴムべらでやさしくこそぎ、全量使いきること。

放置（酵母の活性化）

④ 食品保存容器にふたをし、25～30℃の環境に1～2時間置く（指定の温度環境が用意できない場合はP.10のCHIP'S MEMOを参照）。この段階での生地の高さがわかるよう、マスキングテープなどで印をつける。

冷蔵（一次発酵）

⑤ ふたをしたまま冷蔵庫に移し、一晩、一次発酵させる（最低8時間。この状態で最高36時間まで保存可能）。

放置（酵母の活性化）

⑥ 冷蔵庫から出し、容器内に空気が入るようふたを軽くのせた状態にして再び25～30℃の環境に2～5時間置く。④でつけた印を目安に、約2倍の高さに膨らむまで待つ。
※2回目の放置では酵母に酸素を与えて活性化をより促すため、密閉しないようにする。

フィンガーチェック

⑦ 生地の発酵具合を確認する。生地の表面に茶こしで軽く強力粉をふり、中央に人差し指を垂直に底まで差し込む。徐々に生地が戻り、穴の奥が閉じたらOK。
※この時、茶こしで粉をふった面がパンの表側（パンの顔）となるので覚えておく。

分割、折りたたみ

⑧ 作業台に茶こしで軽く強力粉をふる。その上に生地の入った食品保存容器を逆さにして置き、生地が落ちるスピードに任せるようにして取り出す。
※生地をいためる原因となるので必要以上に触らないようにする（特に側面）。

⑨ 生地を表に返し、カードで生地を6等分（1個約60ｇ）する。

⑩ カットした生地を、P.84を参考に折りたたみ、クッキングシートを敷き茶こしで軽く強力粉をふった天板に生地の閉じ目を下にしてのせる。残り5個も同じように行う。

放置（ベンチタイム）

⑪ 25〜30℃の環境に40分〜1時間20分置く。

成形

⑫ 作業台に表を上にしたまま生地を置き、生地の表面に茶こしで軽く強力粉をふる。生地の周囲を手の平でやさしく押し、もとの2倍くらいの半球状に広げるイメージで空気を抜く。改めてクッキングシートを天板に敷き、半球状になった方を上にして生地をのせる。

放置（二次発酵）

⑬ 25〜30℃の環境に1〜2時間置き、二次発酵させる。生地が一回り大きくなり、手で触ると表面がふわふわになっていたらOK。

焼き

⑭ オーブンを210℃に予熱する。予熱が完了したら、刷毛で生地の表面全体にオリーブオイルを塗って（ b ）ローズマリーと岩塩をふり、人差し指と中指を使って写真 c のように穴を6つ開ける（その間も発酵が進むので手早く行う）。オーブンに天板を入れ、8分焼く。焼き上がったパンを網にのせ、粗熱がとれたら出来上がり。

柑橘のフォカッチャ

材料（6個分）

A
- 発酵種（P.80〜83参照）……60g
- 無調整豆乳……20g
- 水……100g

- オリーブオイル……15g＋適量（仕上げ用）
- 強力粉……170g＋適量（打ち粉用）
- きび糖……10g
- 塩……4g
- 柑橘のピール（手作りする場合はP.70参照）……40g
- 岩塩……適量
- サラダ油……適量（食品保存容器用）

下準備
- 食品保存容器にサラダ油を適量たらし、キッチンペーパーで内側全体に薄く塗り広げておく。
- ピールを包丁でレーズン大に刻んでおく。

① 生地をこね始める直前に小さめのボウルに【A】を入れ、発酵種の塊を指先で軽く揉みながら水分となじませ、ゆるめておく。塊が多少残っていてもOK。

② ホームベーカリーのパンケースにパン羽根をセットし、①、オリーブオイル、強力粉、きび糖、塩の順に入れる。スタートボタンを押し、生地を13分こねる。

③ パンケースから生地をそっと取り出し、打ち粉をせずにそのまま作業台にのせる。生地の上に刻んでおいたピールを全量のせ、カードで生地を縦半分に切って重ねる。生地を90度回転させ、再び縦半分に切って重ねる。ピールが生地全体に混ざるまで1〜2回繰り返す。油を塗っておいた食品保存容器に生地を移す。

④ P.14-15の④〜⑬を行う（分割後の重さは1個約69g）。

⑤ オーブンを210℃に予熱する。予熱が完了したら、刷毛で生地の表面全体にオリーブオイルを塗って岩塩をふり、P.15の工程⑭を参考に穴を6つ開ける（その間も発酵が進むので手早く行う）。オーブンに天板を入れ、8分焼く。焼き上がったパンを網にのせ、粗熱がとれたら出来上がり。

※パンケースやパン羽根についた生地もゴムべらでやさしくこそぎ、全量使いきること。
※具材を混ぜる時は、作業台に打ち粉は不要。

CHIP'S MEMO

こちらも強力粉全量をキタノカオリ、またはキタノカオリ130g＋香麦40gに置き換えると粉の風味ともちもち感が増します。市販のピールは防腐剤入りのものや甘みが強いものが多いので手作りがおすすめです。

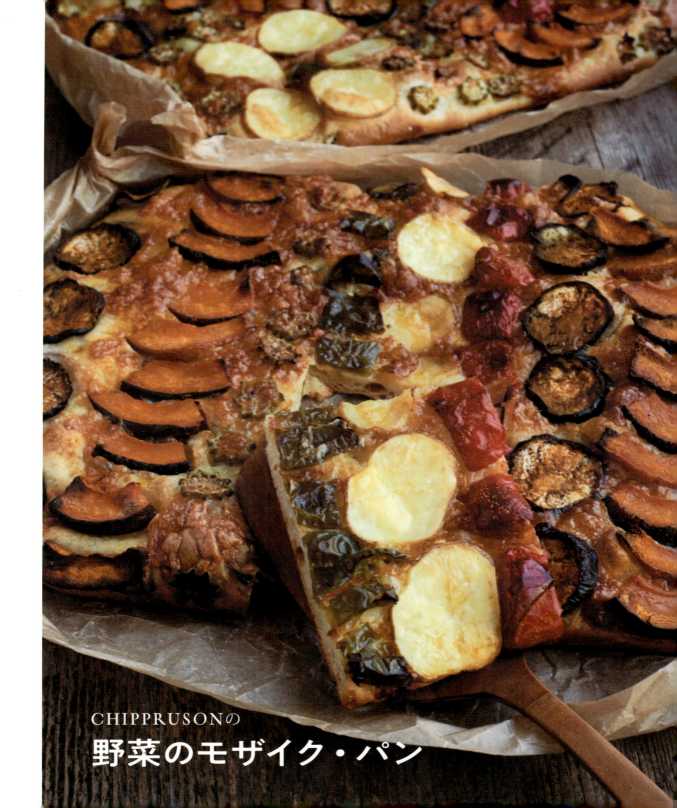

CHIPPRUSONの
野菜のモザイク・パン

野菜のモザイク・パン

10代の頃、スペインでモザイク画を勉強した経験から思いついたお絵かきパン。野菜を並べるだけなのに、何とも鮮やかで迫力満点な一品に仕上がります。切り分ける時も盛り上がるので、パーティーの場に最適。童心に返ってお子さんと作るのも楽しいでしょう。

きほんの生地 ②
フォカッチャ

材料（6個分）

A　発酵種（P.80〜83参照）……100g
　　無調整豆乳……25g
　　水……110g
オリーブオイル
　　……18g＋適量（仕上げ用）
全粒粉（強力粉タイプ）……60g
強力粉……140g＋適量（打ち粉用）
きび糖……10g
塩……5g

シュレッドチーズ……110g
季節の野菜……適量（じゃがいも、にんじん、なす、ピーマン、オクラ、かぼちゃなど4〜5種）
好みのスパイスやドライハーブ……適量
　（パプリカパウダー、クミン、ガラムマサラ、オレガノ、タイムなど）
岩塩……適量
ブラックペッパー（粗挽きタイプ）……適量
サラダ油……適量（食品保存容器用）

下準備

・食品保存容器にサラダ油を適量たらし、キッチンペーパーで内側全体に薄く塗り広げておく。
・ボウルに全粒粉60gと強力粉140gを入れ、泡立て器で軽く混ぜておく。
・野菜をそれぞれよく洗って水気をふき、包丁で7〜8mmの薄切りまたは好みの形に切っておく。

こね

① 生地をこね始める直前に小さめのボウルに【A】を入れ、発酵種の塊を指先で軽く揉みながら水分となじませ、ゆるめておく。塊が多少残っていてもOK。

② ホームベーカリーのパンケースにパン羽根をセットし、①オリーブオイル、混ぜておいた全粒粉・強力粉、きび糖、塩の順に入れる。スタートボタンを押し、生地を13分こねる。

③ パンケースから生地をそっと取り出し、油を塗っておいた食品保存容器に移す。
※パンケースやパン羽根についた生地もゴムべらでやさしくこそぎ、全量使いきること。

放置（酵母の活性化）

④ 食品保存容器にふたをし、25〜30℃の環境に1〜2時間置く（指定の温度環境が用意できない場合はP.10のCHIP'S MEMOを参照）。この段階での生地の高さがわかるよう、マスキングテープなどで印をつける。

冷蔵（一次発酵）

⑤ ふたをしたまま冷蔵庫に移し、一晩、一次発酵させる（最低8時間。この状態で最高36時間まで保存可能）。

放置（酵母の活性化）

⑥ 冷蔵庫から出し、容器内に空気が入るようふたを軽くのせた状態にして再び25〜30℃の環境に2〜5時間置く。④でつけた印を目安に、約2倍の高さに膨らむまで待つ。
※2回目の放置では酵母に酸素を与えて活性化をより促すため、密閉しないようにする。

フィンガーチェック

⑦ 生地の発酵具合を確認する。生地の表面に茶こしで軽く強力粉をふり、中央に人差し指を垂直に底まで差し込む。徐々に生地が戻り、穴の奥が閉じたらOK。
※この時、茶こしで粉をふった面がパンの表側（パンの顔）となるので覚えておく。

成形

⑧ 作業台に茶こしで軽く強力粉をふる。その上に生地の入った食品保存容器を逆さにして置き、生地が落ちるスピードに任せるようにして取り出す。
※生地をいためる原因となるので必要以上に触らないようにする（特に側面）。

⑨ 麺棒に手で強力粉をつけ、生地をのばす。麺棒を3〜4回転がしたら生地を表に返し、最終的にＡ４サイズくらいになるまでのばす。
※生地がのびにくい場合は無理をせず、10分ほど休ませてから行う。

⑩ クッキングシートを敷いた天板に、表を上にしたまま生地をのせ、指で天板の大きさいっぱいになるまでのばす。

放置（二次発酵）

⑪ 25〜30℃の環境に40分〜1時間置き、二次発酵させる。生地が一回り大きくなり、手で触ると表面がふわふわになっていたらOK。

仕上げ

⑫ 生地の表面全体にフォークで穴を開け（ⓐ）、シュレッドチーズを端の方までまんべんなく散らす（ⓑ）。切っておいた野菜をモザイク画を描くように好きなように置き、その都度、手で真上から生地に押し付ける（ⓒ）。全体にオリーブオイルを回しかけ、アクセントをつけたい場所に茶こしでスパイスをふったり、ドライハーブをのせたりする（ⓓ）。最後に岩塩とブラックペッパーをふる。
※野菜はまず大きめのものを配置し、その後、小さめのもので背景を隙間なく埋めるのがコツ。

焼き

⑬ オーブンを220℃に予熱する。予熱が完了したらオーブンに天板を入れ、45分焼く。焼き上がったパンを網にのせ、粗熱がとれたら出来上がり。

> 豆乳ベシャメル・ソース作り

① 片手鍋に太白胡麻油を半分(15g)入れ、弱火にかける。油が温まったら薄力粉を加え、木べらでかき混ぜながら3分ほどじっくりと炒める。

② 薄力粉に火が通り、香ばしい匂いになったら、粉末状にしておいたカシューナッツを加えて木べらで混ぜ合わせる。

③ 全体が色づいてきたら温めておいた豆乳を5〜6回に分けて加え、その都度木べらでよく混ぜる。徐々にもったりとしてくるが、ダマができないよう手を休めずに混ぜ続ける。つやが出てきたら塩5gを加え、鍋を火から下ろす。

④ フライパンに残りの太白胡麻油(15g)を入れ、中火にかける。フライパンが温まったら切っておいたたまねぎ、ほぐしておいたまいたけを加えて木べらで混ぜながらしんなりするまで炒め、切っておいたさつまいもも加えて全体をざっと混ぜる。

⑤ 白ワイン、水、ローリエ、ナツメグ、ホワイトペッパーを加えてふたをし、さつまいもに火が通るまで煮込む。さつまいもに串を刺してすっと通るまで煮込んだら、③と塩2つまみを加えて混ぜる(味見をし、好みで塩を足す)。味が調ったらフライパンを火から下ろす。

きほんの生地 ②
フォカッチャ

グラタン・パン

みんなが大好きなグラタンを CHIPPRUSON 流のパンにアレンジしてみました。カシューナッツでコクを、さつまいもで甘みを加えた豆乳ベシャメル・ソースは、植物性100％とは思えないおいしさ。オーブンの中でチーズがぐつぐつ溶ける様子が食欲をそそる一品です。

材料（6個分）

【豆乳ベシャメル・ソース】
太白胡麻油……30g
薄力粉……18g
カシューナッツ……15g
無調整豆乳……200g
塩……5g＋2つまみ
たまねぎ……50g
まいたけ……40g
さつまいも……100g
白ワイン……50g
水……150g
ローリエ……1枚
ナツメグ……少々
ホワイトペッパー……適量

【生地】
A　発酵種（P.80〜83参照）……60g
　　無調整豆乳……20g
　　水……100g

オリーブオイル……15g
強力粉……170g＋適量（打ち粉用、仕上げ用）
きび糖……10g
塩……4g

シュレッドチーズ……108g
サラダ油……適量（食品保存容器用）

下準備

・食品保存容器にサラダ油を適量たらし、キッチンペーパーで内側全体に薄く塗り広げておく。
・さつまいもを洗って水気をふき、大きめの乱切り、または拍子木切りにする。水を張ったボウルに入れて5分ほどさらし、ざるに上げて水気を切っておく。
・玉ねぎの皮をむき、薄切りにしておく。
・まいたけをさつまいもとたまねぎの中間くらいの大きさになるよう手でほぐしておく。
・カシューナッツをフードプロセッサーにかけ、粉末状にしておく。
・豆乳を耐熱容器に入れ、電子レンジで人肌程度に温めておく。

生地作り

こね

⑥ 生地をこね始める直前に小さめのボウルに【A】を入れ、発酵種の塊を指先で軽く揉みながら水分となじませ、ゆるめておく。塊が多少残っていてもOK。

⑦ ホームベーカリーのパンケースにパン羽根をセットし、⑥、オリーブオイル、強力粉、きび糖、塩の順に入れる。スタートボタンを押し、生地を13分こねる。

⑧ パンケースから生地をそっと取り出し、油を塗っておいた食品保存容器に移す。
※パンケースやパン羽根についた生地もゴムべらでやさしくこそぎ、全量使いきること。

放置（酵母の活性化）

⑨ 食品保存容器にふたをし、25〜30℃の環境に1〜2時間置く（指定の温度環境が用意できない場合はP.10のCHIP'S MEMOを参照）。この段階での生地の高さがわかるよう、マスキングテープなどで印をつける。

冷蔵（一次発酵）

⑩ ふたをしたまま冷蔵庫に移し、一晩、一次発酵させる（最低8時間。この状態で最高36時間まで保存可能）。

放置（酵母の活性化）

⑪ 冷蔵庫から出し、容器内に空気が入るようふたを軽くのせた状態にして再び25〜30℃の環境に2〜5時間置く。⑨でつけた印を目安に、約2倍の高さに膨らむまで待つ。

※2回目の放置では酵母に酸素を与えて活性化をより促すため、密閉しないようにする。

フィンガーチェック

⑫ 生地の発酵具合を確認する。生地の表面に茶こしで軽く強力粉をふり、中央に人差し指を垂直に底まで差し込む。徐々に生地が戻り、穴の奥が閉じたらOK。

※この時、茶こしで粉をふった面がパンの表側（パンの顔）となるので覚えておく。

分割、折りたたみ

⑬ 作業台に茶こしで軽く強力粉をふる。その上に生地の入った食品保存容器を逆さにして置き、生地が落ちるスピードに任せるようにして取り出す。

※生地をいためる原因となるので必要以上に触らないようにする（特に側面）。

⑭ 生地を表に返し、カードで生地を6等分（1個約60g）する。

⑮ カットした生地を、P.84を参考に折りたたみ、クッキングシートを敷き茶こしで軽く強力粉をふった天板に生地の閉じ目を下にしてのせる。残り5個も同じように行う。

放置（ベンチタイム）

⑯ 25〜30℃の環境に30分〜1時間置く。

⑰ 作業台に表を上にしたまま生地を置き、生地の表面に茶こしで軽く強力粉をふる。生地の周囲を手の平でやさしく押し、もとの2倍くらいの半球状に広げるイメージで空気を抜く。生地を裏返し、端を指でつまんで1cmほど中に折り込んで生地にくっつける作業を繰り返し、生地の周囲にふちを作る。改めてクッキングシートを天板に敷き、ふちのある方を上にして生地をのせる（ⓐ）。

放置（二次発酵）

⑱ 25〜30℃の環境に1時間〜1時間半置き、二次発酵させる。生地が一回り大きくなり、手で触ると表面がふわふわになっていたらOK。（ⓑ）

焼き

⑲ オーブンを230℃に予熱する。その間に、生地のふちの中に⑤を大さじ2〜3ずつのせる（ⓒ）。その上にシュレッドチーズをたっぷりのせ、こぼれないよう手で少し押さえ付ける（ⓓ）。オーブンの予熱が完了したら天板を入れ、14分焼く。焼き上がったパンを網にのせ、粗熱がとれたら出来上がり。

> きほんの生地 ②
> フォカッチャ

自家製トマト・ソースのピザ

フォカッチャ生地でもちもちピザを焼いてみましょう。ジューシーなトマト・ソースに旬の野菜をのせれば、あっという間にごちそうに。野菜は大胆なくらい大きく切った方がおいしい。とっておきの自家製トマト・ソースのレシピも P.68 でお伝えしますので、ぜひお試しを。

材料（6個分）

A 発酵種（P.80〜83参照）……60g
　無調整豆乳……20g
　水……100g
オリーブオイル……15g＋適量
　（仕上げ用）
強力粉……170g＋適量（打ち粉用）
きび糖……10g
塩……4g
自家製トマト・ソース
　（P.68参照）……大さじ6
シュレッドチーズ……90g
季節の野菜……適量
　（なす、じゃがいも、万願寺とうがらし、
　オクラ、たまねぎなど）
パルメザンチーズ……適量
岩塩……適量
サラダ油……適量（食品保存容器用）

下準備

・食品保存容器にサラダ油を適量たらし、キッチンペーパーで内側全体に薄く塗り広げておく。
・野菜をそれぞれよく洗って水気をふき、包丁で大きめに切っておく。

こね

① 生地をこね始める直前に小さめのボウルに【A】を入れ、発酵種の塊を指先で軽く揉みながら水分となじませ、ゆるめておく。塊が多少残っていてもOK。

② ホームベーカリーのパンケースにパン羽根をセットし、①、オリーブオイル、強力粉、きび糖、塩の順に入れる。スタートボタンを押し、生地を13分こねる。

③ パンケースから生地をそっと取り出し、油を塗っておいた食品保存容器に移す。
※パンケースやパン羽根についた生地もゴムべらでやさしくこそぎ、全量使いきること。

放置（酵母の活性化）

④ 食品保存容器にふたをし、25〜30℃の環境に1〜2時間置く（指定の温度環境が用意できない場合はP.10のCHIP'S MEMOを参照）。この段階での生地の高さがわかるよう、マスキングテープなどで印をつける。

冷蔵（一次発酵）

⑤ ふたをしたまま冷蔵庫に移し、一晩、一次発酵させる（最低8時間。この状態で最高36時間まで保存可能）。

放置（酵母の活性化）

⑥ 冷蔵庫から出し、容器内に空気が入るようふたを軽くのせた状態にして再び25〜30℃の環境に2〜5時間置く。④でつけた印を目安に、約2倍の高さに膨らむまで待つ。
※2回目の放置では酵母に酸素を与えて活性化をより促すため、密閉しないようにする。

フィンガーチェック

⑦ 生地の発酵具合を確認する。生地の表面に茶こしで軽く強力粉をふり、中央に人差し指を垂直に底まで差し込む。徐々に生地が戻り、穴の奥が閉じたらOK。
※この時、茶こしで粉をふった面がパンの表側（パンの顔）となるので覚えておく。

分割、折りたたみ

⑧ 作業台に茶こしで軽く強力粉をふる。その上に生地の入った食品保存容器を逆さにして置き、生地が落ちるスピードに任せるようにして取り出す。
※生地をいためる原因となるので必要以上に触らないようにする（特に側面）。

⑨ 生地を表に返し、カードで生地を6等分（1個約60g）する。

⑩ カットした生地を、P.84を参考に折りたたみ、クッキングシートを敷き茶こしで軽く強力粉をふった天板に生地の閉じ目を下にしてのせる。残り5個も同じように行う。

放置（ベンチタイム）

⑪ 25〜30℃の環境に30分〜1時間置く。

成形

⑫ 作業台に表を上にしたまま生地を置き、生地の表面に茶こしで軽く強力粉をふる。生地の周囲を手の平でやさしく押し、もとの2倍くらいの半球状に広げるイメージで空気を抜く。改めてクッキングシートを天板に敷き、半球状になった方を上にして生地をのせる。

放置（二次発酵）

⑬ 25〜30℃の環境に1時間〜1時間半置き、二次発酵させる。生地が一回り大きくなり、手で触ると表面がふわふわになっていたらOK。

仕上げ

⑭ 生地の表面にフォークで穴を数ヶ所開け、トマト・ソースを大さじ1ずつ生地の中央にのせて少し塗り広げる（生地の端に塗ると焦げるので、端には余白を残す）。シュレッドチーズを端の方までまんべんなく散らし（ⓐ）、切っておいた野菜を置き、手で真上から押し付けて生地を平らにする（ⓑ）。全体にオリーブオイルを回しかけ、パルメザンチーズ、岩塩をふる。

焼き

⑮ オーブンを230℃に予熱する。予熱が完了したら、オーブンに天板を入れ、14分焼く。焼き上がったピザを網にのせたら出来上がり。熱々のうちにいただく。

CHIPPRUSONの
フーガス

フーガス

ぎゅっと噛みしめる生地感にやみつきになる南仏プロヴァンス地方の伝統的なパン。フレッシュバジルをペーストにして生地に混ぜ込むのではなくカードで刻み込むので、噛むたびに爽やかな香りが広がります。葉脈模様の切れ込みを入れる作業にも心躍るパンです。

きほんの生地 ②
フォカッチャ

材料（4個分）※天板2枚使用

A
- 発酵種（P.80〜83参照）……60g
- 無調整豆乳……20g
- 水……100g

オリーブオイル
　……15g＋適量（仕上げ用）
強力粉……170g＋適量（打ち粉用）
きび糖……10g
塩……4g

フレッシュバジル……8g
※ほうれん草の葉2〜3枚でも可
パルメザンチーズ……適量
サラダ油……適量（食品保存容器用）

下準備
- 食品保存容器にサラダ油を適量たらし、キッチンペーパーで内側全体に薄く塗り広げておく。
- バジルをよく洗い、水気をふいておく（ほうれん草の場合は洗って水気をふいた後、手で大きめにちぎっておく）。

こね

① 生地をこね始める直前に小さめのボウルに【A】を入れ、発酵種の塊を指先で軽く揉みながら水分となじませ、ゆるめておく。塊が多少残っていてもOK。

② ホームベーカリーのパンケースにパン羽根をセットし、①、オリーブオイル、強力粉、きび糖、塩の順に入れる。スタートボタンを押し、生地を13分こねる。

③ パンケースから生地をそっと取り出し、打ち粉をせずにそのまま作業台にのせる。生地の上にバジルを全量のせ、カードで生地を縦半分に切って重ねる。生地を90度回転させ、再び縦半分に切って重ねる。バジルの葉が生地全体に散らばるまで1〜2回繰り返す。油を塗っておいた食品保存容器に生地を移す。
※パンケースやパン羽根についた生地もゴムべらでやさしくこそぎ、全量使いきること。
※具材を混ぜる時は、作業台に打ち粉は不要。

放置（酵母の活性化）

④ 食品保存容器にふたをし、25〜30℃の環境に1〜2時間置く（指定の温度環境が用意できない場合はP.10のCHIP'S MEMOを参照）。この段階での生地の高さがわかるよう、マスキングテープなどで印をつける。

冷蔵（一次発酵）

⑤ ふたをしたまま冷蔵庫に移し、一晩、一次発酵させる（最低8時間。この状態で最高36時間まで保存可能）。

放置（酵母の活性化）

⑥ 冷蔵庫から出し、容器内に空気が入るようふたを軽くのせた状態にして再び25〜30℃の環境に2〜5時間置く。④でつけた印を目安に、約2倍の高さに膨らむまで待つ。
※2回目の放置では酵母に酸素を与えて活性化をより促すため、密閉しないようにする。

フィンガーチェック

⑦ 生地の発酵具合を確認する。生地の表面に茶こしで軽く強力粉をふり、中央に人差し指を垂直に底まで差し込む。徐々に生地が戻り、穴の奥が閉じたらOK。
※この時、茶こしで粉をふった面がパンの表側（パンの顔）となるので覚えておく。

分割、折りたたみ

⑧ 作業台に茶こしで軽く強力粉をふる。その上に生地の入った食品保存容器を逆さにして置き、生地が落ちるスピードに任せるようにして取り出す。
※生地をいためる原因となるので必要以上に触らないようにする（特に側面）。

⑨ 生地を表に返し、カードで生地を4等分（1個約90g）する。

⑩ カットした生地を、P.84を参考に折りたたみ、クッキングシートを敷き茶こしで軽く強力粉をふった天板に生地の閉じ目を下にしてのせる。残り3個も同じように行う。

放置（ベンチタイム）

⑪ 25〜30℃の環境に30分〜1時間置く。

成形

⑫ 作業台に茶こしで軽く強力粉をふって、表を上にしたまま生地を置き、生地の表面にも茶こしで軽く強力粉をふる。生地の周囲を手の平でやさしく押し、もとの2倍くらいの半球状に広げるイメージで空気を抜く。

⑬ 麺棒に手で強力粉をつけ、生地を厚さ7〜8mmの楕円形にのばす。生地の表に麺棒を1〜2回転がし、裏返して再び麺棒を1〜2回転がし、また表に戻す。カードの丸い方の角を使って葉脈模様の切れ込みを入れ（ a ）、指で切れ込みをやさしく広げる（ b ）。改めてクッキングシートを天板2枚にそれぞれ敷き、切れ込みを入れた方を上にして生地を2つずつのせる。

放置（二次発酵）

⑭ 25〜30℃の環境に40分〜1時間20分置き、二次発酵させる。生地が一回り大きくなり、手で触ると表面がふわふわになっていたらOK（ c ）。

焼き

⑮ オーブンを230℃に予熱する。予熱が完了したら、刷毛で生地の表面全体にオリーブオイルをたっぷり塗り、パルメザンチーズをふりかける（ d ）。オーブンに天板を入れ、13分（こんがりした焼き上がりが好みなら15分）焼く。焼き上がったパンを網にのせ、粗熱がとれたら出来上がり。

きほんの生地③ 山食パン

山食パン

パン作りを始めた人なら一度は作ってみたいと憧れる山食パン。これぞ天然酵母の本領発揮、うっとりするほど香りが豊かでとろけるような口どけの山食パンができました。おいしいバターとジャムがあればそれだけで幸せ。お寝坊さんも早起きにさせる味わいです。

材料（ワンローフ型1本分）

A
- 発酵種（P.80〜83参照）……80g
- 牛乳……90g
- 水……110g
- はちみつ……5g

- 強力粉……240g＋適量（打ち粉用）
- きび糖……10g
- 塩……5.5g
- 無塩バター……15g
- サラダ油……適量（型用、食品保存容器用）

下準備

- ワンローフ型にサラダ油を適量たらし、キッチンペーパーで内側全体に薄く塗り広げておく。
- 食品保存容器にサラダ油を適量たらし、キッチンペーパーで内側全体に薄く塗り広げておく。
- バターを1cm角のサイコロ状に切り、冷蔵庫で冷やしておく。

作業の流れ・所要時間

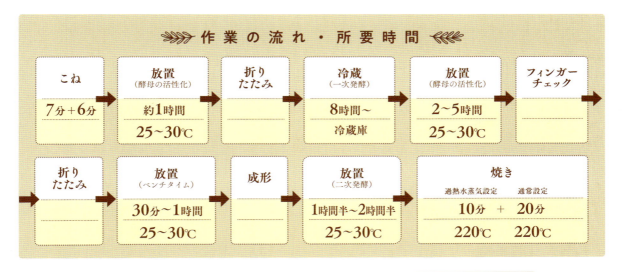

こね 7分＋6分 → 放置（酵母の活性化）約1時間 25〜30℃ → 折りたたみ → 冷蔵（一次発酵）8時間〜 冷蔵庫 → 放置（酵母の活性化）2〜5時間 25〜30℃ → フィンガーチェック → 折りたたみ → 放置（ベンチタイム）30分〜1時間 25〜30℃ → 成形 → 放置（二次発酵）1時間半〜2時間半 25〜30℃ → 焼き 過熱水蒸気設定10分＋通常設定20分 220℃ 220℃

こね

① 生地をこね始める直前に小さめのボウルに【A】を入れ、発酵種の塊を指先で軽く揉みながら水分となじませ、ゆるめておく。塊が多少残っていてもOK。

② ホームベーカリーのパンケースにパン羽根をセットし、①、強力粉、きび糖、塩の順に入れる。スタートボタンを押し、生地を7分こねる。一旦停止し、冷やしておいたサイコロ状のバターを入れ、さらに6分こねる。

放置（酵母の活性化）

③ パンケースから生地をそっと取り出し、油を塗っておいた食品保存容器に移す。食品保存容器にふたをし、25〜30℃の環境に約1時間置く（指定の温度環境が用意できない場合はP.10のCHIP'S MEMOを参照）。
※パンケースやパン羽根についた生地もゴムべらでやさしくこそぎ、全量使いきること。

折りたたみ→冷蔵(一次発酵)→放置(酵母の活性化)

④ 作業台に茶こしで軽く強力粉をふり、その上に生地の入った食品保存容器を逆さにして置き、生地が落ちるスピードに任せるようにして取り出す。P.85を参考に折りたたみ、生地の閉じ目を下にして、再び食品保存容器に戻す。この段階での生地の高さがわかるよう、マスキングテープなどで印をつける。再びふたをして冷蔵庫に移し、一晩、一次発酵させる(最低8時間。この状態で最高36時間まで保存可能)。冷蔵庫から出し、容器内に空気が入るようふたを軽くのせた状態にして25〜30℃の環境に2〜5時間置く。印を目安に、約3倍の高さに膨らむまで待つ。
※生地をいためる原因となるので必要以上に触らないようにする(特に側面)。
※2回目の放置では酵母に酸素を与えて活性化をより促すため、密閉しないようにする。

フィンガーチェック

⑤ 生地の発酵具合を確認する。生地の表面に茶こしで軽く強力粉をふり、中央に人差し指を垂直に底まで差し込む。徐々に生地が戻り、穴の奥が閉じたらOK。
※この時、茶こしで粉をふった面がパンの表側(パンの顔)となるので覚えておく。

折りたたみ

⑥ 作業台に茶こしで軽く強力粉をふる。その上に生地の入った食品保存容器を逆さにして置き、生地が落ちるスピードに任せるようにして取り出す。P.85を参考に生地を再び折りたたむ。

放置(ベンチタイム)

⑦ クッキングシートを敷き茶こしで軽く強力粉をふった天板に生地の閉じ目を下にしてのせる。25〜30℃の環境に30分〜1時間置く。

⑧ 生地が一回り大きくなったら、次の作業に取りかかる。

成形

⑨ 作業台に表を上にしたまま生地を置き、生地の表面に茶こしで軽く強力粉をふる。麺棒をそっと転がし、生地の中の大きな気泡(ガス)を細かく分割するイメージで半分くらいの厚みになるまで均等にのばす。

⑩ 生地にカードを添えて作業台からやさしくはがしながら裏返す。

⑪ 向こう側から3分の1折りたたみ、端を生地に軽くくっつける。

⑫ 180度回転し、再び向こう側から3分の1折りたたみ、端を生地に軽くくっつける（⑪の端と重ねないようにする）。

⑬ 端同士が接した部分を内側にして棒状に丸め、指でキュッとつまんで閉じる。

⑭ 閉じ目を下にして置き直し、両手で生地の形を整える。油を塗っておいたワンローフ型にそっと入れ、天板にのせる。

放置（二次発酵）→焼き

⑮ 25〜30℃の環境に1時間半〜2時間半置き、二次発酵させる。生地が型から3分の1ほどはみ出した状態になり、手で触ると表面がふわふわになっているのを確認したら、オーブンを過熱水蒸気設定で220℃に予熱する。予熱が完了したらオーブンに天板ごと入れ、10分焼く。その後、通常設定の220℃に切り替え、さらに20分焼く。

⑯ 焼き上がったらオーブンから天板ごと取り出す。ミトンをはめて型を持ち、ふきんを重ねたテーブルの上に10cmくらいの高さから落としてショックを与え、蒸気を抜く（この作業をすることで山食パンの腰折れを防ぐ）。すぐにパンを取り出して網にのせ、粗熱がとれたら出来上がり。

CHIP'S MEMO

作り慣れたら強力粉全量をキタノカオリ90g＋香麦150gで作ってみましょう。より口どけのよい山食パンに仕上がります。オーブンから出した食パンの蒸気を抜くことで腰折れを防ぐ工程⑯の作業をお忘れなく。

CHIPPRUSONの
山食ぶどうパン

きほんの生地 ③
山食パン

給食を思わせる懐かしい山食ぶどうパン。ところが中身は本格派。レーズン酵母の香りとレーズンの甘酸っぱさが相乗効果を起こし、毎日焼きたくなるほど味わい深い生地に仕上がります。丁寧に戻したジューシーなレーズンが口の中ではじける瞬間もたまりません。

材料（ワンローフ型1本分）

A
- 発酵種（P.80〜83参照）……80g
- 牛乳……90g
- 水……110g
- はちみつ……5g
- 強力粉……240g＋適量（打ち粉用）
- きび糖……10g
- 塩……5.5g
- 無塩バター……15g
- レーズン……60g
- サラダ油……適量（型用、食品保存容器用）

下準備
- ワンローフ型にサラダ油を適量たらし、キッチンペーパーで内側全体に薄く塗り広げておく。
- 食品保存容器にサラダ油を適量たらし、キッチンペーパーで内側全体に薄く塗り広げておく。
- バターを1cm角のサイコロ状に切り、冷蔵庫で冷やしておく。
- レーズンを熱湯にさっと浸した後、ざるに上げて水気を切り、小さめのボウルに移して小さじ2の熱湯（分量外）をふりかけ、そのまま冷ましておく。

① P.29の①〜②を行う。

② パンケースから生地をそっと取り出し、打ち粉をせずにそのまま作業台にのせる。生地の上に、ざるに上げて水気を切ったレーズンを全量のせ、レーズンをつぶさないようカードで生地を縦半分に切って重ねる（**a**）。生地を90度回転させ、再び縦半分に切って重ねる（**b**）。レーズンが生地全体に混ざるまで1〜2回繰り返す（**c**）。油を塗っておいた食品保存容器に生地を移す。食品保存容器にふたをし、25〜30℃の環境に約1時間置く（指定の温度環境が用意できない場合はP.10のCHIP'S MEMOを参照）。
※パンケースやパン羽根についた生地もゴムべらでやさしくこそぎ、全量使いきること。
※具材を混ぜる時は、作業台に打ち粉は不要。

③ P.30-31の④〜⑯を行う（写真は二次発酵後）。

CHIPPRUSONの
塩パン

きほんの生地 ③
山食パン

レーズン酵母と小麦粉とミルクの相性のよさをしみじみと実感する、旨みと甘みにあふれたシンプルなパンです。ふわふわだけれど歯切れのいい弾力もあり、食べ始めたら止まりません。多めに焼いてかごに盛っても素敵。トッピングにはぜひ甘みのある岩塩を使ってください。

材料（6個分）

A
- 発酵種 (P.80〜83参照) ⋯⋯60g
- 牛乳⋯⋯60g
- 水⋯⋯80g
- はちみつ⋯⋯3g

強力粉⋯⋯170g＋適量 (打ち粉用、仕上げ用)
きび糖⋯⋯7g
塩⋯⋯4g
無塩バター⋯⋯10g
オリーブオイル⋯⋯適量 (仕上げ用)
岩塩⋯⋯適量
サラダ油⋯⋯適量 (食品保存容器用)

下準備
・食品保存容器にサラダ油を適量たらし、キッチンペーパーで内側全体に薄く塗り広げておく。
・バターを1cm角のサイコロ状に切り、冷蔵庫で冷やしておく。

① P.29〜30の①〜⑤を行う。

分割、折りたたみ

② 作業台に茶こしで軽く強力粉をふる。その上に生地の入った食品保存容器を逆さにして置き、生地が落ちるスピードに任せるようにして取り出す。
※生地をいためる原因となるので必要以上に触らないようにする（特に側面）。

③ 生地を表に返し、カードで生地を6等分（1個約64ｇ）する。

④ カットした生地を、P.84を参考に折りたたみ、クッキングシートを敷き茶こしで軽く強力粉をふった天板に生地の閉じ目を下にしてのせる。残り5個も同じように行う。

放置（ベンチタイム）

⑤ 25〜30℃の環境に30分〜1時間置く。

成形

⑥ 作業台に表を上にしたまま生地を置き、生地の表面に茶こしで軽く強力粉をふる。生地の周囲を手の平でやさしく押し、もとの2倍くらいの半球状に広げるイメージで空気を抜く。

⑦ P.86を参考に成形し、改めてクッキングシートを敷いた天板に閉じ目を下にしてのせる。残り5個も同じように行う。

放置（二次発酵）

⑧ 25〜30℃の環境に1〜2時間置き、二次発酵させる。生地が一回り大きくなり、手で触ると表面がふわふわになっていたらOK。

焼き

⑨ オーブンを230℃に予熱する。予熱が完了したら、茶こしで生地の表面に強力粉をふり、クープナイフで深さ5mmほどの一文字の切れ込みを入れる（ⓐ）。切れ込みの間に刷毛を差し入れるようにしてオリーブオイルを塗り（ⓑ）、同じく切れ込みに岩塩を散らす（ⓒ）。オーブンに天板を入れ、10分焼く。焼き上がったパンを網にのせ、粗熱がとれたら出来上がり。

ブリオッシュ生地の シナモン・ロール

映画『かもめ食堂』に登場するシナモン・ロールがうまく作れないと嘆いていた友達のために編み出したレシピ。ブリオッシュ生地は材料が多く、天然酵母で焼くと時間と手間がかかりますが、オーブンから出した時の香りは、苦労も一気に吹き飛ぶ素晴らしさです。

> きほんの生地 ④
> **ブリオッシュ**

材料（5個分＋端生地）

【ブリオッシュ生地】

A　発酵種（P.80〜83参照）……60g
　　牛乳……35g

卵……60g（Mサイズ約1個強）
強力粉……130g＋適量（打ち粉用）
きび糖……25g
塩……3g
無塩バター……50g
サラダ油
　……適量（食品保存容器用）

【クッキー生地】

無塩バター……30g
きび糖……35g
卵……40g（Mサイズ約1個弱）
薄力粉……80g
アーモンドパウダー……10g
ベーキングパウダー
　（アルミニウムフリー）……1g

スライスアーモンド……5g
仕上げ用溶き卵……適量

【黒糖くるみシナモン・パウダー】

※下記は作りやすい分量。このうち40gを使う。

くるみ……30g
黒糖（粉末）……40g
シナモン（粉末）……2g

下準備

・食品保存容器にサラダ油を適量たらし、キッチンペーパーで内側全体に薄く塗り広げておく。
・卵を室温に戻し、小さめのボウルなどに溶いておく。
・バターを1cm角のサイコロ状に切り、冷蔵庫で冷やしておく。
・黒糖くるみシナモン・パウダーの材料をフードプロセッサーにかけて粉末状にし、40gを計量しておく。

ブリオッシュ生地作り

こね

① 生地をこね始める直前に小さめのボウルに【A】を入れ、発酵種の塊を指先で軽く揉みながら水分となじませ、ゆるめておく。塊が多少残っていてもOK。

② ホームベーカリーのパンケースにパン羽根をセットし、①、溶いておいた卵、強力粉、きび糖、塩の順に入れる。スタートボタンを押し、生地を8分こねる。一旦停止し、冷やしておいたサイコロ状のバターを入れ、さらに7分こねる。

放置（酵母の活性化）→冷蔵（一次発酵）→放置（酵母の活性化）

③ パンケースから生地をそっと取り出し、油を塗っておいた食品保存容器に移す。食品保存容器にふたをし、25〜30℃の環境に1〜2時間置く（指定の温度環境が用意できない場合はP.10のCHIP'S MEMOを参照）。この段階での生地の高さがわかるよう、マスキングテープなどで印をつける。ふたをしたまま冷蔵庫に移し、一晩、一次発酵させる（最低8時間。この状態で最高36時間まで保存可能）。冷蔵庫から出し、容器内に空気が入るようふたを軽くのせた状態にして再び25〜30℃の環境に3〜6時間置く。先程つけた印を目安に、約2倍の高さに膨らむまで待つ。右頁を参考にクッキー生地を作り、冷蔵庫で冷やしておく。

※パンケースやパン羽根についた生地もゴムべらでやさしくこそぎ、全量使いきること。

※2回目の放置では酵母に酸素を与えて活性化をより促すため、密閉しないようにする。

フィンガーチェック

④ 生地の発酵具合を確認する。生地の表面に茶こしで軽く強力粉をふり、中央に人差し指を垂直に底まで差し込む。徐々に生地が戻り、穴の奥が閉じたらOK。
※この時、茶こしで粉をふった面がパンの表側（パンの顔）となるので覚えておく。

折りたたみ

⑤ 作業台に茶こしで軽く強力粉をふる。その上に生地の入った食品保存容器を逆さにして置き、生地が落ちるスピードに任せるようにして取り出す。

⑥ P.85を参考に生地を折りたたむ。
※生地をいためる原因となるので必要以上に触らないようにする（特に側面）。

放置（ベンチタイム）

⑦ 生地の閉じ目を下にして、クッキングシートを敷いた天板にのせ、茶こしで軽く強力粉をふる。25～30℃の環境で40分～1時間置く。

クッキー生地作り

下準備
・バターをボウルに入れ、やわらかくなるまで室温に置いておく。
・卵を室温に戻し、小さめのボウルに割り入れて泡立て器でよく溶いておく。
・薄力粉とベーキングパウダーを一緒にふるっておく。

①バターを泡立て器でホイップ状になるまで混ぜる。②きび糖を2～3回に分けて加え、クリーム状になるまで混ぜる。③溶いておいた卵を3回に分けて加え、その都度しっかり混ぜる。④一緒にふるっておいた薄力粉・ベーキングパウダーの1/3、アーモンドパウダー全量を加え、ゴムべらでさっくりと切るように混ぜる。⑤残りの薄力粉・ベーキングパウダーを加えて混ぜ、粉気がなくなったら手でまとめてラップで包み、冷蔵庫で最低1時間は冷やしておく。

成形

⑧ 作業台に茶こしで軽く強力粉をふって、表を上にしたままブリオッシュ生地を置き、麺棒に手で強力粉をつけてB5サイズにのばす。次いで、冷やしておいたクッキー生地もひと回り小さいサイズにのばす。

⑨ ブリオッシュ生地を裏返して横向きの長方形にし、上部に5mmほど余白を残してクッキー生地をのせる。

⑩ 黒糖くるみシナモン・パウダーを表面全体にまぶし、手で均一にならす。

⑪ 手前からくるくると巻き、巻き終わりおよび側面の端部分を指でキュッとつまんで閉じる。

⑫ 閉じ目を下にして置き直し、生地表面に茶こしで軽く強力粉をふる。

⑬ 写真のように5個分の台形がとれるよう、カードの刃で軽く線をつけてからカットする。両端の余り生地も置いておく。

⑭ 台形の生地を手の平にのせ、カードのまっすぐな方の刃を縦に当ててぐっと押し付け、筋をつける。残り4個も同じように行う。
※カードに生地がくっつきやすいので、様子を見て刃に強力粉をつける。

放置（二次発酵）

⑮ 天板にクッキングシートを敷き、筋をつけた方を上にして生地をのせる（両端の余り生地もこねずに手で一つにまとめてのせる）。25〜30℃の環境に30分〜1時間置き、二次発酵させる。生地が一回り大きくなり、手で触ると表面がふわふわになっていたらOK。

焼き

⑯ オーブンを230℃に予熱し、予熱が完了したら、生地の表面に刷毛で仕上げ用溶き卵を塗り、スライスアーモンドを散らして、オーブンに天板を入れて16分焼く。焼き上がったパンを網にのせ、粗熱がとれたら出来上がり。

CHIP'S MEMO

作り慣れたらぜひ次の配合で。コクが増して究極の味に。①材料中の牛乳を5g増。②クッキー生地の薄力粉全量を薄力粉60g＋全粒薄力粉15gに、アーモンドパウダーを生のホールアーモンドを粉砕したものに置き換える。

CHIPPRUSONの
クリーム・パン

クリーム・パン

風味豊かなブリオッシュ生地とバニラ＆ラム酒をきかせたカスタード・クリームの組み合わせがたまらなくおいしい、シュークリームのような味わいのクリーム・パンです。カスタード・クリームはお豆腐入りなので和風の趣も。トッピングの和三盆がよく合います。

きほんの生地 ④　ブリオッシュ

材料（6個分）

A
- 発酵種（P.80〜83参照）……60g
- 牛乳……35g

- 卵……60g（Мサイズ約1個強）
- 強力粉……130g＋適量（打ち粉用）
- きび糖……25g
- 塩……3g
- 無塩バター……50g
- サラダ油……適量（食品保存容器用）
- お豆腐入りカスタード・クリーム
　　……P.69の出来上がり全量
- 和三盆……10g

下準備

- 食品保存容器にサラダ油を適量たらし、キッチンペーパーで内側全体に薄く塗り広げておく。
- 卵を室温に戻し、小さめのボウルなどに溶いておく。
- バターを1cm角のサイコロ状に切り、冷蔵庫で冷やしておく。
- 口金をセットした絞り袋にお豆腐入りカスタード・クリームを入れ、冷蔵庫で冷やしておく。

① P.38〜39の①〜④を行う。

分割、折りたたみ

② 作業台に茶こしで軽く強力粉をふる。その上に生地の入った食品保存容器を逆さにして置き、生地が落ちるスピードに任せるようにして取り出す。
※生地をいためる原因となるので必要以上に触らないようにする（特に側面）。

③ 生地を表に返し、カードで生地を6等分（1個約60g）する。

④ カットした生地を、P.84を参考に折りたたみ、クッキングシートを敷き茶こしで軽く強力粉をふった天板に生地の閉じ目を下にしてのせる。残り5個も同じように行う。

放置（ベンチタイム）

⑤ 25〜30℃の環境に40分〜1時間置く。

成形

⑥ 作業台に表を上にしたまま生地を置き、生地の表面に茶こしで軽く強力粉をふる。生地の周囲を手の平でやさしく押し、もとの2倍くらいの半球状に広げるイメージで空気を抜く。

⑦ P.86を参考に成形し、改めてクッキングシートを敷いた天板に閉じ目を下にしてのせる。残り5個も同じように行う。

放置（二次発酵）

⑧ 25〜30℃の環境に1〜2時間置き、二次発酵させる。生地が一回り大きくなり、手で触ると表面がふわふわになっていたらOK。

焼き

⑨ オーブンを230℃に予熱する。予熱が完了したらオーブンに天板を入れ、8分焼く。焼き上がったパンを網にのせ、粗熱をとる。

仕上げ

⑩ パンの粗熱がとれたらブレッドナイフで中央に深さ4分の3ほどの一文字の切れ込みを入れる。お豆腐入りカスタード・クリームを入れて冷やしておいた絞り袋を冷蔵庫から出し、切れ込みの向こう側から手前にクリームを絞る。絞り袋を徐々に上へ動かしながら切れ込みがクリームでいっぱいになるまで4〜5段ほど絞り重ねる。上から茶こしで和三盆をふりかけたら出来上がり。

CHIPPRUSONの
パン・デ・ジェマ

パン・デ・ジェマ

きほんの生地 ④
ブリオッシュ

スペイン語で「卵黄のパン」を意味するリッチなパン。名前には卵黄とありますが、いつしか全卵を使い切るレシピになりました。香ばしい皮と卵風味の生地がカステラのよう。クリームチーズやジャムを塗ったり、ハムや野菜をサンドしてもおいしくいただけます。

材料（2個分）

A
- 発酵種（P.80〜83参照）……60g
- 牛乳……35g

- 卵……60g（Mサイズ約1個強）
- 強力粉……130g＋適量（打ち粉用）
- きび糖……25g
- 塩……3g
- 無塩バター……50g
- サラダ油……適量（食品保存容器用）

- 仕上げ用溶き卵……適量

下準備

- 食品保存容器にサラダ油を適量たらし、キッチンペーパーで内側全体に薄く塗り広げておく。
- 卵を室温に戻し、小さめのボウルなどに溶いておく。
- バターを1cm角のサイコロ状に切り、冷蔵庫で冷やしておく。

---

① P.38〜39の①〜④を行う。

分割、折りたたみ

② 作業台に茶こしで軽く強力粉をふる。その上に生地の入った食品保存容器を逆さにして置き、生地が落ちるスピードに任せるようにして取り出す。
※生地をいためる原因となるので必要以上に触らないようにする（特に側面）。

③ 生地を表に返し、カードで生地を2等分（1個約180g）する。

④ カットした生地を裏返し、P.85を参考に折りたたみ、クッキングシートを敷き茶こしで軽く強力粉をふった天板に生地の閉じ目を下にしてのせる。残り1個も同じように行う。

放置（ベンチタイム）

⑤ 25〜30℃の環境に40分〜1時間置く。

成形

⑥ 作業台に表を上にしたまま生地を置き、生地の表面に茶こしで軽く強力粉をふる。生地の周囲を手の平でやさしく押し、もとの2倍くらいの半球状に広げるイメージで空気を抜く。

⑦ P.87を参考に成形し、改めてクッキングシートを敷いた天板に閉じ目を下にしてのせる。残り1個も同じように行う。

⑧ カッターナイフの刃で写真を参考に飾りクープを入れる。

放置（二次発酵）

⑨ 25〜30℃の環境に1時間〜2時間半、二次発酵させる。生地が一回り大きくなり、手で触ると表面がふわふわになっていたらOK。

焼き

⑩ オーブンを230℃に予熱し、予熱が完了したら、生地の表面に刷毛で仕上げ用溶き卵を塗り、オーブンに天板を入れて18分焼く。焼き上がったパンを網にのせ、粗熱がとれたら出来上がり。

CHIPPRUSONの
メロン・パン

メロン・パン

ふわふわのブリオッシュ生地にざくざく食感のクッキー生地をのせて焼き上げた、CHIPPRUSON流のメロン・パンです。クッキー生地に香ばしいアーモンドパウダーを加えて、ひと味違ったレシピにしてみました。素朴でいて、間違いなくおいしい自信作です。

きほんの生地 ④　ブリオッシュ

材料（6個分）

A
- 発酵種（P.80〜83参照）……60g
- 牛乳……35g

【ブリオッシュ生地】
- 卵……60g（Mサイズ約1個強）
- 強力粉……130g＋適量（打ち粉用）
- きび糖……25g
- 塩……3g
- 無塩バター……50g
- サラダ油……適量（食品保存容器用）

【クッキー生地】
- 無塩バター……30g
- きび糖……35g
- 卵……40g（Mサイズ約1個弱）
- 薄力粉……80g
- アーモンドパウダー……10g
- ベーキングパウダー（アルミニウムフリー）……1g
- てんさい糖……15g

下準備
- 食品保存容器にサラダ油を適量たらし、キッチンペーパーで内側全体に薄く塗り広げておく。
- 卵を室温に戻し、小さめのボウルなどに溶いておく。
- バターを1cm角のサイコロ状に切り、冷蔵庫で冷やしておく。

ブリオッシュ生地作り

① P.38〜39の①-④を行う。

分割、折りたたみ

② 作業台に茶こしで軽く強力粉をふる。その上に生地の入った食品保存容器を逆さにして置き、生地が落ちるスピードに任せるようにして取り出す。
※生地をいためる原因となるので必要以上に触らないようにする（特に側面）。

③ 生地を表に返し、カードで生地を6等分（1個約60g）する。

④ カットした生地を、P.84を参考に折りたたみ、クッキングシートを敷き茶こしで軽く強力粉をふった天板に生地の閉じ目を下にしてのせる。残り5個も同じように行う。

放置（ベンチタイム）

⑤ 25〜30℃の環境に40分〜1時間置く。

クッキー生地作り

⑥ P.39を参考にクッキー生地を作り、冷蔵庫で最低1時間は冷やす。

成形

⑦ クッキー生地を冷蔵庫から出し、6等分（1個約30g）して丸め、室温に置いておく。

⑧ 作業台に表を上にしたままブリオッシュ生地を置き、生地の表面に茶こしで軽く強力粉をふる。生地の周囲を手の平でやさしく押し、もとの2倍くらいの半球状に広げるイメージで空気を抜く。

⑨ P.86を参考に成形し、改めてクッキングシートを敷いた天板に閉じ目を下にしてのせる。残り5個も同じように行う。

⑩ 作業台にクッキー生地を移す。上から手の平で軽く押しつぶして平らにし、麺棒に手で強力粉をつけ、直径約10cmの円形にのばす。残り5個も同じように行う。

⑪ カードを添えながらクッキー生地を作業台からはがしてブリオッシュ生地にかぶせ、手の平でそっと包むようにしてなじませる（ⓐ）。カードのまっすぐな方の刃を軽く当て、斜めの格子状の筋をつける（ⓑ）。てんさい糖をボウルに入れ、写真ⓒのように表面にまぶし、手の平で軽く押しつける。残り5個も同じように行い、なるべくパン同士を離して並べる（ⓓ）。

放置（二次発酵）

⑫ 25〜30℃の環境に40分〜1時間半置き、二次発酵させる。生地が一回り大きくなっていたらOK。

焼き

⑬ オーブンを220℃に予熱し、予熱が完了したらオーブンに天板を入れて13分焼く。焼き上がったパンを網にのせ、粗熱がとれたら出来上がり。

やや上級者向けの
ベーグル&カンパーニュ

家庭のキッチンとオーブンでも
これだけのパンが作れるんだということを知っていただきたくて、
店のベーグルとパン・ド・カンパーニュの製法を
家庭用に徹底的に練り直しました。
難易度は上がりますが、
挑戦するに値するレシピになったと思います。
オーブンから天板を出す時、
まるでパン職人になったような気分になれるはず。

CHIPPRUSONの
プレーン・ベーグル

きほんの生地 ⑤ ベーグル

ユダヤ人の伝統食がアメリカを経て世界中に広まり、誰もが知るノンオイルフードとなったベーグル。本来は一次発酵なしで焼くインスタントブレッドですが、低温長時間発酵でよりむっちりとハリのある生地に仕上げました。はちみつ効果でしっとり感も持続。

材料（4個分）

A
- 発酵種（P.80〜83参照）……80g
- 無調整豆乳……25g
- 水……95g
- はちみつ……5g

- 強力粉……160g＋適量（打ち粉用）
- 石臼挽き粉（強力粉タイプ）……50g
- きび糖……5g
- 塩……5g

- サラダ油……適量（食品保存容器用）
- 黒糖（粉末）……大さじ1弱（色づけ用）

下準備

- 食品保存容器にサラダ油を適量たらし、キッチンペーパーで内側全体に薄く塗り広げておく。
- ボウルに強力粉160gと石臼挽き粉50gを入れ、泡立て器で軽く混ぜておく。

CHIP'S MEMO

強力粉＋石臼挽き粉全量を強力粉に置き換えても作れますが、石臼挽き粉を少し加えるだけで風味はもちろん、焼き色が抜群に美しく出せるので、できれば欠かさずに。モラセス代わりの黒糖も焼き色をつけるために必須です。

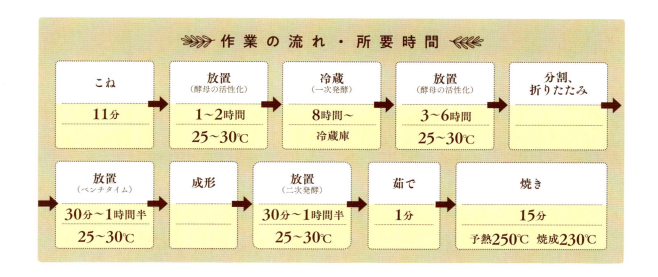

作業の流れ・所要時間

こね 11分 → 放置（酵母の活性化） 1〜2時間 25〜30℃ → 冷蔵（一次発酵） 8時間〜 冷蔵庫 → 放置（酵母の活性化） 3〜6時間 25〜30℃ → 分割、折りたたみ → 放置（ベンチタイム） 30分〜1時間半 25〜30℃ → 成形 → 放置（二次発酵） 30分〜1時間半 25〜30℃ → 茹で 1分 → 焼き 15分 予熱250℃ 焼成230℃

こね

1

生地をこね始める直前に小さめのボウルに【A】を入れ、発酵種の塊を指先で軽く揉みながら水分となじませ、ゆるめておく（塊が多少残っていてもOK）。ホームベーカリーのパンケースにパン羽根をセットし、【A】、混ぜておいた強力粉・石臼挽き粉、きび糖、塩の順に入れる。スタートボタンを押し、生地を11分こねる。

放置（酵母の活性化）

2

パンケースから生地をそっと取り出し、油を塗っておいた食品保存容器に移す。食品保存容器にふたをし、25〜30℃の環境に1〜2時間置く（指定の温度環境が用意できない場合はP.10のCHIP'S MEMOを参照）。

※パンケースやパン羽根についた生地もゴムべらでやさしくこそぎ、全量使いきること。

冷蔵（一次発酵）→放置（酵母の活性化）

3

この段階での生地の高さがわかるよう、マスキングテープなどで印をつける。ふたをしたまま冷蔵庫に移し、一晩、一次発酵させる（最低8時間。この状態で最高36時間まで保存可能）。冷蔵庫から出し、容器内に空気が入るようふたを軽くのせた状態にして再び25〜30℃の環境に3〜6時間置く。先程つけた印を目安に、約1.5倍の高さに膨らむまで待つ。生地の表面に茶こしで軽く強力粉をふり、中央に人差し指を垂直に底まで差し込んで発酵具合を確認する。徐々に生地が戻り、穴の奥が閉じたらOK。

※2回目の放置では酵母に酸素を与えて活性化をより促すため、密閉しないようにする。

分割、折りたたみ

4

作業台に茶こしで軽く強力粉をふる。その上に生地の入った食品保存容器を逆さにして置き、生地が落ちるスピードに任せるようにして取り出す。生地を表に返し、カードで生地を4等分（1個約105g）する。カットした生地を、P.84を参考に折りたたみ、クッキングシートを敷いた天板に生地の閉じ目を下にしてのせる。残り3個も同じように行う。

※生地をいためる原因となるので必要以上に触らないようにする（特に側面）。

放置（ベンチタイム）

5

25〜30℃の環境で30分〜1時間半置く。

6

生地が一回り大きくなっているかを確認する。

成形

⑦ 作業台に表を上にしたまま生地を置き、生地の表面に茶こしで軽く強力粉をふる。生地の周囲を手の平でやさしく押し、もとの2倍くらいの半球状に広げるイメージで空気を抜く。

⑧ 麺棒に手で強力粉をつけ、生地をだ円形にのばす。

⑨ 生地を裏返し、上から3回くるくる丸めて細長い棒状にする。

⑩ 巻き終わりを指でキュッとつまんで閉じる。

⑪ 閉じ目を下にして縦にし、上部5cmくらいを麺棒を転がして平らにする。

⑫ 生地を裏返し、棒状の方を2〜3回ひねって生地にハリを出し、端を重ねて輪にする。

⑬ 平らになっている方で棒状の方の端を包み、指でキュッとつまんで閉じる。

⑭ 手で閉じ目を軽く平らにならす。

⑮ クッキングシートを敷いた⑥の天板の4ヶ所に茶こしで軽く強力粉をふる。端の閉じ目を下にして生地をのせる。

放置（二次発酵）

⑯ 25〜30℃の環境で30分〜1時間半置く。

茹で→焼き

⑰ 深鍋（シチュー鍋など）の7分目まで水を入れて強火にかけ、沸騰したら黒糖を加える。ここでオーブンを250℃に予熱しておく。生地の表を下にして1つずつ鍋に入れ、片面30秒ずつ茹でる。改めてクッキングシートを天板に敷き、生地を網じゃくしですくい、表を上にして並べる。250℃に予熱したオーブンを230℃に設定し直し、天板を入れて15分焼く。焼き上がったパンを網にのせ、粗熱がとれたら出来上がり。

※茹でる際、熱湯に黒糖を加えることでベーグルの焼き色がきれいに仕上がる。

CHIPPRUSONの
ダブル・チョコ・ベーグル／
つぶつぶ玄米ベーグル

きほんの生地⑤　ベーグル

ここで私のお気に入りのアレンジ・ベーグルをご紹介します。生地にチョコチップ、芯にダークチョコを仕込んだ「ダブル・チョコ・ベーグル」は、噛みしめた時にじわっとしみ出るチョコ感がたまらない、チョコ好き必食の一品。一方、炊飯器で炊いた焙煎玄米をシリアル感覚で混ぜ込んだ「つぶつぶ玄米ベーグル」は、玄米のもちもち感と穀物の甘みが炊きたてのごはんを食べているような味わいです。きんぴらごぼうやつくねなどのお惣菜をはさんでもよく合う和風ベーグルになりました。

ダブル・チョコ・ベーグル

材料（4個分）

A｜ 発酵種 (P.80〜83参照)……80g
　｜ 無調整豆乳……25g
　｜ 水……95g
　｜ はちみつ……5g

強力粉……160g＋適量 (打ち粉用)
石臼挽き粉 (強力粉タイプ)……50g
きび糖……5g
塩……5g

サラダ油……適量 (食品保存容器用)
チョコチップ……40g
製菓用チョコレート
　(カカオ50％前後のダークチョコレート)……40g
黒糖 (粉末)……大さじ1弱 (色づけ用)

下準備

- 食品保存容器にサラダ油を適量たらし、キッチンペーパーで内側全体に薄く塗り広げておく。
- ボウルに強力粉160gと石臼挽き粉50gを入れ、泡立て器で軽く混ぜておく。
- 製菓用チョコレートを包丁で粗めに刻んでおく。

① P.52の①を行う。

② パンケースから生地をそっと取り出し、打ち粉をせずにそのまま作業台にのせる。生地の上にチョコチップを全量のせ、カードで生地を縦半分に切って重ねる。生地を90度回転させ、再び縦半分に切って重ねる。チョコチップが生地全体に混ざるまで1〜2回繰り返す。油を塗っておいた食品保存容器に生地を移し、ふたをして25〜30℃の環境に1〜2時間置く（指定の温度環境が用意できない場合はP.10のCHIP'S MEMOを参照）。
※パンケースやパン羽根についた生地もゴムべらでやさしくこそぎ、全量使いきること。
※具材を混ぜる時は、作業台に打ち粉は不要。

③ P.52の③〜⑥を行う（分割後の重さは1個約115g）。

④ P.53の⑦⑧を行い、⑨で生地を裏返したら刻んでおいた製菓用チョコレートを横一列にのせて棒状に丸め、P.53の⑩〜⑰を行う。
※芯に巻き込んだ製菓用チョコレートがごつごつしているので、丸める際に生地が破れないよう注意する。

つぶつぶ玄米ベーグル

材料（4個分）

A｜ 発酵種 (P.80〜83参照)……80g
　｜ 無調整豆乳……25g
　｜ 水……95g
　｜ はちみつ……5g

強力粉……160g＋適量 (打ち粉用)
石臼挽き粉 (強力粉タイプ)……50g
きび糖……5g
塩……5g

サラダ油……適量 (食品保存容器用)
焙煎玄米を炊飯器で炊いたもの (P.68参照)
　……50g
黒糖 (粉末)……大さじ1弱 (焼き色づけ用)

下準備

- 食品保存容器にサラダ油を適量たらし、キッチンペーパーで内側全体に薄く塗り広げておく。
- ボウルに強力粉160gと石臼挽き粉50gを入れ、泡立て器で軽く混ぜておく。

① P.52の①を行う。

② パンケースから生地をそっと取り出し、打ち粉をせずにそのまま作業台にのせる。生地の上に焙煎玄米を全量のせ、カードで生地を縦半分に切って重ねる。生地を90度回転させ、再び縦半分に切って重ねる。焙煎玄米が生地全体に混ざるまで1〜2回繰り返す。油を塗っておいた食品保存容器に生地を移し、ふたをして25〜30℃の環境に1〜2時間置く（指定の温度環境が用意できない場合はP.10のCHIP'S MEMOを参照）。
※パンケースやパン羽根についた生地もゴムべらでやさしくこそぎ、全量使いきること。
※具材を混ぜる時は、作業台に打ち粉は不要。

③ P.52〜53の③〜⑰を行う（分割後の重さは1個約118g）。

CHIPPRUSONの
パン・ド・
カンパーニュ

きほんの生地 ⑥ カンパーニュ

フランス語で「田舎のパン」を意味する名前の通り、豊かな雑穀味が特徴の素朴で滋味深いパンです。粉を5種類も使うレシピに驚かれるかもしれませんが、あらゆる配合を試した末に生まれたゴールデンブレンドなので、ぜひ頑張って揃えてください。

材料（直径23cmのスキレット1個分）

A
- 発酵種（P.80〜83参照）……100g
- 水……180g
- 黒糖（粉末）……1g

- 強力粉……50g＋適量（打ち粉用、発酵かご用、仕上げ用）
- 準強力粉……110g
- 石臼挽き粉（強力粉タイプ）……30g
- 全粒粉（強力粉タイプ）……30g
- ライ麦粉……30g＋適量（発酵かご用、仕上げ用）
- 岩塩……6g
- サラダ油……適量（食品保存容器用）

下準備

- 食品保存容器にサラダ油を適量たらし、キッチンペーパーで内側全体に薄く塗り広げておく。
- ボウルに強力粉50g、準強力粉110g、石臼挽き粉・全粒粉・ライ麦粉各30gを入れ、泡立て器で軽く混ぜておく。
- 発酵かご用、仕上げ用の粉を用意しておく。容器などに強力粉：ライ麦粉を1：1の割合で入れ、泡立て器で軽く混ぜておく。
- 小さなボウルを用意し、8分目くらいまでタルトストーンを入れておく。パンを焼く直前に熱湯大さじ1（分量外）を注ぐので、保温ポットなどに熱湯を用意しておく。

CHIP'S MEMO

5種類の粉で作るのがベストですが、入手が難しければ次の配合でもカンパーニュらしさは出せます。①から始めて作り慣れるのもひとつです。
① 強力粉190g＋全粒粉60g
② 強力粉190g＋全粒粉30g＋ライ麦粉30g

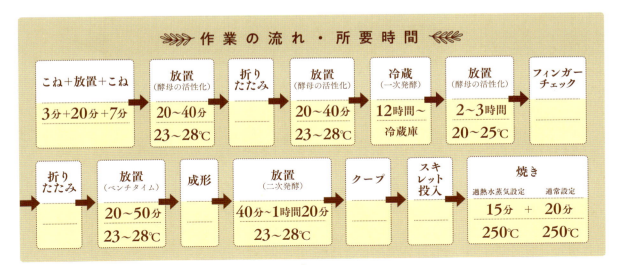

作業の流れ・所要時間

こね＋放置＋こね (3分＋20分＋7分) → 放置（酵母の活性化）(20〜40分 / 23〜28℃) → 折りたたみ → 放置（酵母の活性化）(20〜40分 / 23〜28℃) → 冷蔵（一次発酵）(12時間〜 / 冷蔵庫) → 放置（酵母の活性化）(2〜3時間 / 20〜25℃) → フィンガーチェック → 折りたたみ → 放置（ベンチタイム）(20〜50分 / 23〜28℃) → 成形 → 放置（二次発酵）(40分〜1時間20分 / 23〜28℃) → クープ → スキレット投入 → 焼き（過熱水蒸気設定 15分 250℃ ＋ 通常設定 20分 250℃）

こね+放置+こね

1 生地をこね始める直前に小さめのボウルに【A】を入れ、発酵種の塊を指先で軽く揉みながら水分となじませ、ゆるめておく(塊が多少残っていてもOK)。

2 ホームベーカリーのパンケースにパン羽根をセットし、①、混ぜておいた強力粉・準強力粉・石臼挽き粉・全粒粉・ライ麦粉を入れる。スタートボタンを押し、生地を3分こねる。停止ボタンを押し、そのまま20分間放置する。ふたを開けて岩塩を加え、再び7分こねる。

放置(酵母の活性化)

3 パンケースから生地をそっと取り出し、油を塗っておいた食品保存容器に移す。食品保存容器にふたをし、23〜28℃の環境に20〜40分置く(指定の温度環境が用意できない場合はP.10のCHIP'S MEMOを参照)。
※パンケースやパン羽根についた生地もゴムべらでやさしくこそぎ、全量使いきること。

折りたたみ→放置(酵母の活性化)→冷蔵(一次発酵)→放置(酵母の活性化)

4 作業台に茶こしで軽く強力粉をふる。その上に生地の入った食品保存容器を逆さにして置き、生地が落ちるスピードに任せるようにして取り出す。両手の平に粉をつけ、P.85を参考に折りたたみ、生地の閉じ目を下にして食品保存容器に戻す。再びふたをして23〜28℃の環境に20〜40分置く。この段階での生地の高さがわかるよう、マスキングテープなどで印をつける。そのまま冷蔵庫に移し、一晩、一次発酵させる(最低12時間。この状態で最高36時間まで保存可能)。冷蔵庫から出し、容器内に空気が入るようふたを軽くのせた状態にして20〜25℃の環境に2〜3時間置く。印を目安に、約2倍の高さに膨らむまで待つ。
※ハード系のパンは生地ダレが起きやすいため、生地を手で触ると冷たいと感じる状態をキープしながら作業する。夏場は特に注意。
※2回目の放置では酵母に酸素を与えて活性化をより促すため、密閉しないようにする。

フィンガーチェック

5 生地の表面に茶こしで軽く強力粉をふり、中央に人差し指を垂直に底まで差し込んで発酵具合を確認する。徐々に生地が戻り、穴の奥が閉じたらOK。
※この時、茶こしで粉をふった面がパンの表側(パンの顔)となるので覚えておく。

折りたたみ

6 作業台に茶こしで軽く強力粉をふる。その上に生地の入った食品保存容器を逆さにして置き、生地が落ちるスピードに任せるようにして取り出す。P.85を参考に生地を再び折りたたみ、クッキングシートを敷き茶こしで軽く強力粉をふった天板に生地の閉じ目を下にしてのせる。
※生地をいためる原因となるので必要以上に触らないようにする(特に側面)。

放置（ベンチタイム）→成形

⑦ 23〜28℃の環境に20〜50分置く。

⑧ 作業台に茶こしで軽く強力粉をふって、生地をクッキングシートごとひっくり返して置く。

⑨ 表に返して霧吹きで軽く水分を与える。生地の周囲を手の平でやさしく押し、もとの2倍くらいの半球状に広げるイメージで空気を抜く。
※半球状に広げる際、生地表面に大きな気泡がポコポコと出てくることがあるが、無理に押しつぶさず、生地の端へ押し出したり、気泡自体を手で押して小さく分割するイメージで抜くようにする。

⑩ 生地を裏返し、端をつまんで中央に持ってきて生地にくっつける。

⑪ 端を指でつまんで中央に持ってきては生地にくっつける。

⑫ 生地の中央が開かないよう、指でキュッとつまんで閉じる。

⑬ 向こう側から半分に折る。

⑭ 折り終わりを指でキュッとつまんで閉じる。

⑮ 閉じ目を上にして90度回転させる（閉じ目がゆるんでいたら、再び指でつまんで閉じる）。

⑯ 向こう側から半分に折り、折り終わりを指でキュッとつまんで閉じる。

⑰ 閉じ目を下にして置き直し、両手を生地の下側の丸みに添え、時計回りに2〜3回、回すようにして丸く整える。

⑱ 目の粗い綿布（または麻布）を敷いた発酵かごに、混ぜておいた発酵かご用の粉を茶こしでふり、表を下にして生地を入れる。

放置（二次発酵）

⑲ 23〜28℃の環境に40分〜1時間20分置き、二次発酵させる。二次発酵完了10分前にオーブンの準備を始める（オーブンに天板をセット→タルトストーンを入れたボウルを天板の左奥隅か右奥隅〔熱風ファンがある方〕に置く→過熱水蒸気設定で250℃に予熱）。予熱完了後も10分放置し、しっかりとオーブンに蓄熱する。蓄熱の10分を利用し、スキレットの加熱と生地にクープを入れる作業を行う（スキレットを中火にかける→生地に茶こしで軽く発酵かご用の粉をふる→発酵かごより一回り大きく切ったクッキングシートと取り板を発酵かごに重ねてひっくり返し、作業台の上に取り板ごとのせて発酵かごと綿布を取り除く）。

クープ

⑳ 生地の表面に茶こしで、混ぜておいた仕上げ用の粉をふる。

㉑ カッターの刃を内側に向けて少し深めに入れながら、葉の外縁模様のクープを入れる。

㉒ 続いて、葉脈模様のクープを入れる（㉑より浅めにするときれいに仕上がる）。

スキレット投入

㉓ スキレットが手をかざすと「熱い」と感じる温度（約300℃）になったら、取り板ごと生地を持ち上げ、スキレット内にクッキングシートごと生地をすべらせる。

焼き

㉔ 過熱水蒸気設定で250℃に予熱しておいたオーブンのふたを開け、タルトストーンを入れておいたボウルに熱湯大さじ1を注ぐ（高温注意）。生地が入ったスキレットを素早く庫内へ移し（高温注意）、15分焼く。その後、通常設定の250℃に切り替え、さらに20分焼く。焼き上がったパンを網にのせ、粗熱がとれたら出来上がり。

※加熱したスキレットは非常に高温のため、オーブン庫内へ移す際は両手に軍手を2〜3枚重ねてはめ、さらに鍋つかみなどで柄を持つこと。

CHIPPRUSONの
白いちじくと
カシューナッツの
カンパーニュ

白いちじくとカシューナッツのカンパーニュ

白いちじくのやわらかい甘みとコクのあるカシューナッツのコンビがおしゃれな一品。ブレッドナイフでスライスした時に切り口に現れるいちじくやナッツの表情も楽しいパンです。軽くトーストし、生ハムやブリーチーズをのせて、よく冷やした白ワインとどうぞ。

きほんの生地⑥
カンパーニュ

材料（直径23cmのスキレット1個分）

A
- 発酵種（P.80〜83参照）……70g
- 水……115g
- 黒糖（粉末）……0.5g

強力粉……35g＋適量（打ち粉用、発酵かご用、仕上げ用）
準強力粉……70g
石臼挽き粉（強力粉タイプ）……20g
全粒粉（強力粉タイプ）……20g
ライ麦粉……20g＋適量（発酵かご用、仕上げ用）
岩塩……4g
サラダ油……適量（食品保存容器用）

カシューナッツ……25g
無調整豆乳……適量
白いちじく（乾燥、無漂白のもの）……50g

下準備

・食品保存容器にサラダ油を適量たらし、キッチンペーパーで内側全体に薄く塗り広げておく。
・ボウルに強力粉35g、準強力粉70g、石臼挽き粉・全粒粉・ライ麦粉各20gを入れ、泡立て器で軽く混ぜておく。
・発酵かご用、仕上げ用の打ち粉を用意しておく。容器などに強力粉：ライ麦粉を1：1の割合で入れ、泡立て器で軽く混ぜておく。
・小さなボウルを用意し、8分目ぐらいまでタルトストーンを入れておく。パンを焼く直前に熱湯大さじ1（分量外）を注ぐので、保温ポットなどに熱湯を用意しておく。
・オーブンを160℃に予熱し、カシューナッツを8分ローストして包丁で粗めに刻む。刻んだカシューナッツを小さめのボウルに入れ、豆乳をひたひたになるまで注ぎ、15分ほど漬け込む。ざるに上げて水気を切っておく。
・白いちじくを包丁で大きいものは6等分、小さいものは4等分に刻む。熱湯に1分ほど浸した後、ざるに上げて水気を切り、小さめのボウルに移して大さじ1の熱湯（分量外）をふりかけ、そのまま冷ます。その後、ざるに上げて水気を切っておく。パンをこねる30分前にはこの作業を完了しておくこと（白いちじくが温かいままで生地に入れると生地ダレの原因になるため）。

ⓐ

ⓑ

① P.58の①〜②を行う。

放置（酵母の活性化）

② パンケースから生地をそっと取り出し、打ち粉をせずにそのまま作業台にのせる。生地の上に、ざるに上げて水気を切った白いちじくとカシューナッツを全量のせ、白いちじくをつぶさないようカードで生地を縦半分に切って重ねる。生地を90度回転させ、再び縦半分に切って重ねる。白いちじくとカシューナッツが生地全体に混ざるまで1〜2回繰り返す。油を塗っておいた食品保存容器に生地を移し、ふたをして23〜28℃の環境に20〜40分置く（指定の温度環境が用意できない場合はP.10のCHIP'S MEMOを参照）。
※パンケースやパン羽根についた生地もゴムべらでやさしくこそぎ、全量使いきること。
※具材を混ぜる時は、作業台に打ち粉は不要。

③ P.58〜59の④〜⑱を行う。

放置（二次発酵）

④ 23〜28℃の環境に30分〜1時間置き、二次発酵させる。二次発酵完了10分前にオーブンの準備を始める（オーブンに天板をセット→タルトストーンを入れたボウルを天板の左奥隅か右奥隅〔熱風ファンがある方〕に置く→過熱水蒸気設定で250℃に予熱）。予熱完了後も10分放置し、しっかりとオーブンに蓄熱する。蓄熱の10分を利用し、スキレットの加熱と生地にクープを入れる作業を行う（スキレットを中火にかける→生地に茶こしで軽く発酵かご用の粉をふる→発酵かごより一回り大きく切ったクッキングシートと取り板を発酵かごに重ねてひっくり返し、作業台の上に取り板ごとのせて発酵かごと綿布を取り除く）。

クープ

⑤ 生地の表面に茶こしで、混ぜておいた仕上げ用の粉をふる。

⑥ クープナイフの刃を深さ1cm弱まで入れながら、十字のクープを入れる。

スキレット投入

⑦ スキレットが手をかざすと「熱い」と感じる温度（約300℃）になったら、取り板ごと生地を持ち上げ、スキレット内にクッキングシートごと生地をすべらせる。

焼き

⑧ 過熱水蒸気設定で250℃に予熱しておいたオーブンのふたを開け、タルトストーンを入れておいたボウルに熱湯大さじ1を注ぐ（高温注意）。生地が入ったスキレットを素早く庫内に移し（高温注意）、15分焼く。その後、通常設定の250℃に切り替え、さらに18分焼く。焼き上がったパンを網にのせ、粗熱がとれたら出来上がり。
※加熱したスキレットは非常に高温のため、オーブン庫内へ移す際は両手に軍手を2〜3枚重ねてはめ、さらに鍋つかみなどで柄を持つこと。

レーズンとくるみのカンパーニュ

少し酸味のあるカンパーニュ生地と甘いレーズン、香ばしいくるみは定番にして黄金の組み合わせ。レーズンを熱湯に、くるみを豆乳に漬け込んでおく工程はぜひとも覚えていただきたいテクニック。驚くほどにレーズンはジューシーに、くるみは香ばしくなります。レーズンを戻す熱湯を白ワインに置き換えれば、さらにおいしい。

きほんの生地 ⑥
カンパーニュ

材料（長さ約20cmのなまこ形1個分）

A
- 発酵種（P.80〜83参照）……70g
- 水……115g
- 黒糖（粉末）……0.5g

強力粉……35g＋適量
　（打ち粉用、キャンバス地の布用、仕上げ用）
準強力粉……70g
石臼挽き粉（強力粉タイプ）……20g
全粒粉（強力粉タイプ）……20g
ライ麦粉……20g＋適量（キャンバス地の布用、仕上げ用）
岩塩……4g
サラダ油……適量（食品保存容器用）

くるみ……25g
無調整豆乳……適量
レーズン（茶）……25g
レーズン（緑、無漂白のもの）……25g

※レーズンは茶1種類で50gでも可。

下準備

・食品保存容器にサラダ油を適量たらし、キッチンペーパーで内側全体に薄く塗り広げておく。
・ボウルに強力粉35g、準強力粉70g、石臼挽き粉・全粒粉・ライ麦粉各20gを入れ、泡立て器で軽く混ぜておく。
・キャンバス地の布用、仕上げ用の打ち粉を用意しておく。容器などに強力粉：ライ麦粉を1：1の割合で入れ、泡立て器で軽く混ぜておく。
・小さなボウルを用意し、8分目ぐらいまでタルトストーンを入れておく。パンを焼く直前に熱湯大さじ1（分量外）を注ぐので、保温ポットなどに熱湯を用意しておく。
・オーブンを160℃に予熱し、くるみを13分ローストして包丁で粗めに刻む。刻んだくるみを小さめのボウルに入れ、豆乳をひたひたになるまで注ぎ、15分ほど漬け込む。ざるに上げて水気を切っておく。
・レーズン2種を熱湯に1分ほど浸した後、ざるに上げて水気を切り、小さめのボウルに移して大さじ1の熱湯（分量外）をふりかけ、そのまま冷ます。その後、ざるに上げて水気を切っておく。パンをこねる30分前にはこの作業を完了しておくこと（レーズンが温かいまま生地に入れると生地ダレの原因になるため）。

a

b

① P.58の①〜②を行う。

放置（酵母の活性化）

② パンケースから生地をそっと取り出し、打ち粉をせずにそのまま作業台にのせる。生地の上に、ざるに上げて水気を切ったレーズンとくるみを全量のせ、レーズンをつぶさないようカードで生地を縦半分に切って重ねる。生地を90度回転させ、再び縦半分に切って重ねる。レーズンとくるみが生地全体に混ざるまで1〜2回繰り返す。油を塗っておいた食品保存容器に生地を移し、ふたをして23〜28℃の環境に20〜40分置く（指定の温度環境が用意できない場合はP.10のCHIP'S MEMOを参照）。

※パンケースやパン羽根についた生地もゴムべらでやさしくこそぎ、全量使いきること。
※具材を混ぜる時は、作業台に打ち粉は不要。

③ P.58の④〜⑥を行う。

放置（ベンチタイム）→成形

④ 23〜28℃の環境に20〜50分置く。作業台に茶こしで軽く強力粉をふって、生地をクッキングシートごとひっくり返して置き、表に返して霧吹きで軽く水分を与える。生地の周囲を手の平でやさしく押し、もとの2倍くらいの半球状に広げるイメージで空気を抜く。写真を参考に成形し、両端がすぼんだなまこ形に整える。天板にキャンバス地の布を敷き、混ぜておいたキャンバス地の布用の粉を茶こしでふり、その上に生地をのせる。

※半球状に広げる際、生地表面に大きな気泡がポコポコと出てくることがあるが、無理に押しつぶさず、生地の端へ押し出したり、気泡自体を手で押して小さく分割するイメージで抜くようにする。

放置（二次発酵）

⑤ 23〜28℃の環境に30分〜1時間置き、二次発酵させる。二次発酵完了10分前にオーブンの準備を始める（オーブンに天板をセット→タルトストーンを入れたボウルを天板の左奥隅か右奥隅（熱風ファンがある方）に置く→過熱水蒸気設定で250℃に予熱）。予熱完了後も10分放置し、しっかりとオーブンに蓄熱する。蓄熱の10分を利用し、スキレットの加熱と生地にクープを入れる作業を行う（スキレットを中火にかける→作業台に取り板を置いて、その上にスキレットより一回り大きいクッキングシートを敷き、キャンバス地の布をはがしながら表を上にして生地をのせる）。

クープ

⑥ 生地の表面に茶こしで、混ぜておいた仕上げ用の粉をふる。

⑦ クープナイフの刃を内側に向けて深さ1cmぐらいまで入れながら、曲線のクープを1本入れる。

スキレット投入

⑧ スキレットが手をかざすと「熱い」と感じる温度（約300℃）になったら、取り板ごと生地を持ち上げ、スキレット内にクッキングシートごと生地をすべらせる。

焼き

⑨ 過熱水蒸気設定で250℃に予熱しておいたオーブンのふたを開け、タルトストーンを入れておいたボウルに熱湯大さじ1を注ぐ（高温注意）。生地が入ったスキレットを素早く庫内に移し（高温注意）、15分焼く。その後、通常設定の250℃に切り替え、さらに18分焼く。焼き上がったパンを網にのせ、粗熱がとれたら出来上がり。

※加熱したスキレットは非常に高温のため、オーブン庫内へ移す際は両手に軍手を2〜3枚重ねてはめ、さらに鍋つかみなどで柄を持つこと。

手作りの加工品
&ときどきお菓子

私が長年少しずつ改良を加えて作り続けてきた、
天然酵母パンに合わせるとおいしさ倍増の具材や
ソース、クリームのレシピを紹介します。
素朴な焼き菓子も大好きで、
パン作りの合間にときどき作るクッキーやタルトが
店のお客様にも好評なので、
小腹が空いた時にテーブルにあると嬉しい
簡単なお菓子レシピをご紹介します。

自家製トマト・ソース

昔、スペインで出会った友達に教わったレシピに手を加えて CHIPPRUSON の味に仕上げました。水煮トマトに生トマトを加えるので口あたりがフレッシュで軽やか。「自家製トマト・ソースのピザ」(P.23)にはもちろん、ケチャップ代わりにもどうぞ。

材料(作りやすい分量)
水煮トマト……400g
生トマト……中2個
にんにく……
　1片(小さいものなら2片)
オリーブオイル
　……大さじ2
ローリエ(乾燥)
　……1枚
塩……小さじ1

① 水煮トマトをボウルなどにあけ、フォークなどで粗くつぶす。

② 生トマトを水でよく洗って水気をふきとり、へたを上にして包丁で横半分に切る。トマトのカット面をおろし器にあて、実の部分を押し出しながらすりおろす。へたと皮は捨てる。

③ にんにくは皮をむいてまな板にのせ、包丁の平たい部分で軽く押しつぶす。

④ 鍋にオリーブオイル、にんにくを入れて弱火にかけ、3〜4分じっくりと火を入れながらにんにくの香りを油に移す。

⑤ ④に生トマト、水煮トマト、ローリエを加え、中火で20〜25分煮詰める。木べらでかき混ぜて鍋底が一瞬見えるくらいのとろみ加減になったら塩を加えて混ぜ、火からおろす。

⑥ にんにくとローリエを取り除き、粗熱がとれたら出来上がり。ジャムの空き瓶や食品保存容器などに入れて冷蔵庫で約10日間保存可能。

焙煎玄米

栄養のある玄米をシリアル感覚でパンに取り入れられたら、と考案したレシピです。きつね色になるまでじっくりローストしてから炊き上げた玄米の香ばしさともちもち感が、「つぶつぶ玄米ベーグル」(P.54)などの国産小麦粉パンにとてもよく合います。

材料(作りやすい分量)
玄米……1カップ
太白胡麻油……小さじ1
塩……少々

下準備
・オーブンを160℃に予熱しておく。

① 天板にクッキングシートを敷き、重ならないように玄米を全体に広げる。予熱しておいた160℃のオーブンで30〜40分、ローストする。途中、20分ほど経った頃に一度オーブンを開け、木べらで全体を混ぜ合わせて焼き色を均一にするとよい。全体がきつね色になったら出来上がり。この状態で密閉容器に入れ、冷暗所で約1ヶ月間保存可能。

② パンの具材として使用する場合は、こねにとりかかる前に炊飯器で炊き、冷めてから使用する。炊飯器に①の全量、水1カップ(分量外)、太白胡麻油、塩を入れて早炊きモードで炊き、バットに広げて冷ます。この状態で食品保存袋に入れて冷凍保存しておき、そのまま生地に混ぜてもよい。

お豆腐入りカスタード・クリーム

バニラとラム酒の香りがたまらないカスタード・クリームです。卵黄を減らしてお豆腐でぼってり感を出すのでカロリーも控えめ。たくさん食べても罪悪感がありません。「クリーム・パン」（P.41）や「パンケーキ」（P.76）に好きなだけ添えましょう。

材料
牛乳……160g
バニラビーンズ……1/8本
卵黄……45g（Mサイズ約2個強）
きび糖……40g＋15g
薄力粉……20g
木綿豆腐……1丁（300～400g）
　※下準備欄を参考に水切りし、そのうちの90gを使う。
ラム酒……8g

下準備
・木綿豆腐を水切りしておく。豆腐をキッチンペーパーで包み、さらに清潔なタオルで包んで、バットに入れる。豆腐の上にまな板をのせ、その上に水を入れたボウルをのせて1時間以上置いておく。水切りできたら、90gを計量しておく。
・薄力粉をふるっておく。
・バニラビーンズのさやに水平に包丁を入れ、包丁の刃で中の種をしごき出しておく。さやも使うので捨てないこと。
・使用する鍋が入る大きさのボウルを用意し、ボウルの半分ほどを満たす氷を用意しておく。

① ボウルに卵黄ときび糖40gを入れ、ハンドミキサーで混ぜる。マヨネーズ状になったらふるっておいた薄力粉を加え、全体が均一になるまでさらに混ぜる。

② 鍋に牛乳、しごいておいたバニラビーンズの種とさやを入れ、弱火にかける。鍋のふちがふつふつと泡立ってきたら、牛乳をおたま1杯分ほど①に注ぎ、泡立て器でよく混ぜる。全体がなじんだら残りの牛乳も全て注ぎ、泡立て器でよく混ぜる。

③ 空いた鍋にざるをのせて②の液を漉しながら戻し、薄力粉のダマやバニラビーンズのさやを取り除く。

④ 鍋を一番弱い火にかけ、泡立て器で絶えずかき混ぜる。1～2分するともったりと重くなるが、そこでやめず、突然コシがなくなりつやが出てなめらかになり、泡立て器で上に持ち上げるとトロトロと落ちるようになるまで根気よくかき混ぜ続ける。
※急いで強火で熱すると卵黄が固まってダマの原因となるので一番弱い火でゆっくりと火を入れる。

⑤ 用意しておいたボウルに氷を入れ、水を注ぐ。そこに④の鍋底を当てて急冷しながら、クリーム全体が均一の温度になるよう泡立て器で絶えずかき混ぜる。完全に熱がとれたらゴムべらで食品保存容器にクリームを移し、表面が空気に触れないようラップをかけてぴったりと密着させ、冷蔵庫に入れておく。

⑥ フードプロセッサーに計量しておいた水切り豆腐90g、きび糖15gを入れ、なめらかになるまで混ぜ合わせる。ラム酒を加え、さらに混ぜ合わせる。冷蔵庫から⑤のクリームを出し、全量を加えて全体が均一になるまで混ぜ合わせる。口金をセットした絞り袋、または食品保存容器に入れ（食品保存容器の場合はクリーム表面に再びラップをかけてぴったりと密着させ）、冷蔵庫で一晩寝かせたら出来上がり。

柑橘のピール／
柑橘のマーマレード

柑橘の苦みが苦手な人でもきっとおいしく食べられる、とっておきのピールをご紹介しましょう。皮を煮詰める際に果肉も加えてとびきりジューシーに作るのがこのレシピの特徴。余った皮と果肉も極上のマーマレードにして余すところなく使い切ります。

材料（作りやすい分量）

国産の柑橘（できれば無農薬・減農薬のもの）……5個

※夏みかん、甘夏、はっさくなど大きめで皮に厚みのあるものなら何でも可。左頁写真は河内晩柑を使用。

【ピール用】

洗双糖……下処理後の皮＋果肉の重量の60％

※茶色みを帯びてもよいならきび糖でも可。

【マーマレード用】

洗双糖……下処理後の皮＋果肉の重量の50％

※茶色みを帯びてもよいならきび糖でも可。

下準備

・柑橘は水でよく洗い、皮のみに縦方向に包丁を入れてぐるりと一周させ、皮をむいておく（包丁が実まで達しないよう気をつける）。実の房の小袋を全てむき、果肉を取り出しておく。種はマーマレードに使うので全て取り除き、残しておく。

・上記の下処理をした後、ピール用に3.5個分の皮＋2個分の果肉を取り分けておく。残りをマーマレード用に置いておく。

① ピールを作る。ピール用に取り分けておいた皮の裏側の白い筋やわたを手で取り除く。

※厚めのピールが好みなら、ここでわたを取りすぎないのがポイント。

② 鍋に皮を入れ、ひたひたになるまで水を注いで強火にかける。沸騰したらぐつぐつ沸いている状態をキープできる程度に火を弱め、約15分茹でる。

③ 鍋を流し台に移し、全体の水が入れ替わるまで流水にさらす。②③の作業を2〜3回繰り返すと皮が透き通り、味見するとほんのり苦みを感じる程度になる。まだ苦みを強く感じるようならもう1回この作業を追加するが、苦みと一緒に香りも抜けてしまうため、茹ですぎに注意する。

④ 鍋の中身をざるで受け、水気を切る。皮が崩れない程度に手で軽く絞って皿などにのせ、取り分けておいたピール用の果肉も加えて総重量を量る。次いで、その総重量の60％の洗双糖を計量する。

⑤ 空いた鍋に皮、果肉、⅓の洗双糖を入れ、中火にかける。沸騰したら弱火にし、焦げないよう木べらでときどき鍋底をなでるように混ぜながら、約20分煮詰める。

⑥ 残りの½の洗双糖を加え、同じく木べらでときどき鍋底をなでるように混ぜながら、約20分煮詰める。

⑦ 残りの洗双糖を加え、同じく木べらでときどき鍋底をなでるように混ぜながら、全体がとろりとするまで約10分煮詰める。鍋を火からおろし、ふたをして一晩置いておく。

⑧ オーブンを100℃に予熱しておく。予熱している間に天板にクッキングシートを敷き、⑦の皮を1cm間隔で並べる。予熱が完了したらオーブンで40分〜1時間ほど火を入れて乾燥させる（途中、20〜30分経った頃に一度オーブンを開け、手でひとつひとつ裏返す）。手で触ると水分を含んでいるが、手にくっつかない程度が目安。オーブンから天板を出してそのまま冷まし、粗熱がとれたら出来上がり。食品保存容器か食品保存袋に入れ、冷蔵庫で約3ヶ月間、冷凍庫で約1年間保存可能。

⑨ マーマレードを作る。マーマレード用に取り分けておいた皮の裏側の白い筋やわたを包丁で出来るだけ削ぎとり、長さ1cm、幅1mmほどの細切りにする。

⑩ 取っておいた種を小さいボウルに入れ、ひたひたになるまで水を注いで浸けておく。

⑪ 鍋に水を入れて沸騰させ、細切りにした皮を入れて、2〜3分茹でる。味見するとほんのり苦みを感じる程度になったら火からおろす。まだ苦みを強く感じるようならもう1回この作業を追加するが、苦みと一緒に香りも抜けてしまうため、茹ですぎに注意する。

⑫ 鍋の中身をざるで受け、水気を切る。皮が崩れない程度に手で軽く絞って皿などにのせ、取り分けておいたマーマレード用の果肉も加えて総重量を量る。次いで、その総重量の50％の洗双糖を計量する。

⑬ 空いた鍋に皮、果肉、洗双糖、水に浸けておいた種を水ごと入れ、常温で2時間置く（冷蔵庫で一晩置くとさらによい）。

※この一手間であらかじめ果汁を引き出し、炊く時間を短縮することで風味をより強く残せる。特に冷蔵庫でゆっくりと果汁を引き出し、強火でさっと炊き上げたマーマレードは極上の味わいとなる。

⑭ ⑬の鍋を中火にかけ、沸騰させる。大きなアクを取り除いたら弱めの中火にし、木べらでときどきかき混ぜながら、こまめにアクを取り除きつつ、約20分煮詰める。さらに弱火にして5〜10分、好みのとろみ加減になるまで煮詰めたら出来上がり。保存する場合は熱いうちに煮沸消毒した瓶に入れて軽くふたをし、瓶の肩が浸かる程度の量の水を沸騰させた鍋に静かに入れて約20分煮沸する（腐敗の原因となるため瓶の中に湯が入らないよう注意）。しっかりふたを閉め直し、逆さにして自然に冷めるまで待つ。冷蔵庫で約3ヶ月間保存可能。

※マーマレードなどの柑橘系ジャムは煮詰めすぎると冷めた時にガチガチに固まってしまうので、少しゆるめに感じられる状態で火からおろす方がよい。また、砂糖控えめのレシピなので、早めに食べ切る。

チョコ・チャンク・クッキー

2種のチョコレートとアーモンドがゴロリと入った、食べ応え満点の
厚焼きクッキーです。ザクザクとした食感の合間に時折感じる、岩塩
独特の塩気もたまりません。深煎りのドリップコーヒーミルクをお供
に食べれば、午後の活力が湧いてくる味わいです。

材料（直径5cmのもの10枚分）

無塩バター……105g

きび糖……80g

卵……25g（Mサイズ約½個分）

薄力粉……160g

アーモンドパウダー……20g

ベーキングパウダー（アルミニウムフリー）……1g

岩塩……1g

生のホールアーモンド……50g

製菓用チョコレート（スイート）……40g

製菓用チョコレート（ビター）……40g

下準備

・バターを1cm角のサイコロ状に切って20～30分常温に置き、や
　わらかくしておく。
・卵を溶いて、計量しておく。
・薄力粉、アーモンドパウダー、ベーキングパウダー、岩塩を一
　緒にふるっておく。
・ホールアーモンド、チョコレート2種をそれぞれ包丁で粗めに刻
　んでおく。

① ボウルにやわらかくしておいたバターを入れ、泡立て器で
クリーム状になるまで練る。

② きび糖を加え、さらに泡立て器でマヨネーズ状になるまで
練る。

③ 溶いておいた卵を2回に分けて加え、その都度泡立て器で
よく混ぜ合わせる。

④ 一緒にふるっておいた薄力粉・アーモンドパウダー・ベー
キングパウダー・岩塩を2回に分けて加え、その都度ゴム
べらでさっくりと切るように混ぜ合わせる。粉気がなく
なってしまう前に刻んでおいたアーモンド、チョコレート
2種も加え、全体に行き渡るよう混ぜ合わせる。ボウルに
ラップをかけて冷蔵庫で2時間～一晩、しっかりと生地が
固まるまで冷やす。

⑤ 冷蔵庫から生地を出し、10等分して軽く丸める。オーブン
を200℃に予熱する。天板にクッキングシートを敷き、丸
めた生地を並べて上から手の平で押しつぶし、直径約5
cmの円形にする。
※成形する時は正円にならなくてもよい。多少不揃いな方が焼き上が
りに表情が出る。

⑥ オーブンの予熱が完了したら190℃に設定し直し、天板を
入れて20～25分、しっかりと焼き色がつくまで焼く。焼き
上がったクッキーを網にのせ、粗熱がとれたら出来上がり。

① タルト生地を作る。フードプロセッサーに一緒にふるっておいた薄力粉・全粒粉、きび糖を入れ、15秒攪拌する。冷やしておいたバター、オリーブオイルを加え、再び15〜30秒攪拌する。ボロボロした質感になったら冷水で溶いておいた卵黄・岩塩を回し入れ、15〜20秒攪拌する。生地がひとまとまりになったらラップで包み、冷蔵庫で1時間冷やす。

② 作業台に茶こしで軽く薄力粉をふる。冷蔵庫から生地を出して作業台に置き、麺棒で好みの厚さにのばす（3〜5mm）。麺棒に生地を巻きつけ、冷やしておいたタルト型の上に移し、生地が破れないよう注意しながら指を使って型の内側に密着させるようにして敷き込む。はみ出した生地はカードで切り落とす。

③ フォークで生地全体に穴を開け、冷蔵庫に型ごと入れて1時間休ませる（焼き縮み防止）。

④ オーブンを180℃に予熱する。予熱が完了したら天板に型をのせ、20分焼く。焼き上がったら型ごと網にのせて粗熱をとる。

⑤ おからとアーモンドのクリームを作る。ボウルにやわらかくしておいたバターを入れ、泡立て器でクリーム状になるまで練る。きび糖、はちみつ、オリーブオイル、ほぐしておいた水切り豆腐を順に入れ、その都度泡立て器でなめらかになるまでしっかりと混ぜ合わせる。溶いておいた卵を3回に分けて加え、その都度泡立て器でなめらかになるまでしっかりと混ぜ合わせる。

おからとアーモンドのタルト

おからパウダーをたっぷり使ったタルトです。素朴な見た目ですが、さくさくのタルト生地に詰まったフィリングがパート・ダマンドのようにリッチな味わい。かすかなお豆腐風味が軽さも感じさせます。冷やすと全体がしっとりとなじんでさらにおいしい。

材料（直径18cmのタルト型1台分）

【タルト生地】

薄力粉……90g＋適量（型用、打ち粉用）
全粒粉（薄力粉タイプ）……25g
きび糖……8g
無塩バター……65g＋適量（型用）
オリーブオイル……25g
卵黄……5g（Mサイズ約1/4個分）
岩塩……2g
冷水……20g

【おからとアーモンドのクリーム】

無塩バター……85g
オリーブオイル……10g
きび糖……45g
はちみつ……10g
木綿豆腐……1丁（300〜400g）
　※下準備欄を参考に水切りし、そのうちの40gを使う。
卵……45g（Mサイズ約1個弱）
おからパウダー……25g
アーモンドパウダー……20g
生のホールアーモンド……15g
　※アーモンドパウダーでも代用可。

下準備

・タルト生地の下準備を行う。
①薄力粉、全粒粉は一緒にふるっておく。
②バターを1cm角のサイコロ状に切り、冷蔵庫で冷やしておく。
③卵黄、岩塩を容器に入れ、冷水を加えてよく溶き、冷蔵庫で冷やしておく。
④タルト型の内側に型用のバターを塗り、同じく型用の薄力粉をふって余分な粉を落とし、冷蔵庫で冷やしておく。

・おからとアーモンドのクリームの下準備を行う。
①バターを常温に置いて、やわらかくしておく。
②木綿豆腐をキッチンペーパーで包み、さらに清潔なタオルで包んで、バットに入れる。豆腐の上にまな板をのせ、その上に水を入れたボウルをのせて1時間以上置いておく。水切りできたら40gを計量し、手でほぐしておく。
③卵を溶いて、常温に置いておく。
④フードプロセッサーにおからパウダー、アーモンドパウダー、ホールアーモンドを入れて撹拌し、粉末状になるまで粉砕しておく（ホールアーモンドをアーモンドパウダーに置き換えた場合はこの作業は不要）。

⑥ 粉末状にしておいたおからパウダー・アーモンドパウダー・ホールアーモンドを加え、ゴムべらで粉気がなくなるまで混ぜ合わせる。

⑦ オーブンを180℃に予熱する。予熱している間に、タルト生地の中にゴムべらでおからとアーモンドのクリームをのせ、中央を少し盛り上げたドーム形にならす。次いでフォークの背でらせん模様をつける（完成写真を参照）。予熱が完了したら天板に型をのせ、40分焼く。焼き上がったら型ごと網にのせ、粗熱がとれたら出来上がり。

パンケーキ

卵1個で焼ける、ふかふかパンケーキのレシピを紹介します。食べたい時にさっと焼けるよう、2枚分の分量にしてみました。前日に粉類だけ計量して合わせておけば、朝でもあっという間にパンケーキ・モーニングの完成。パンを切らした日にも便利です。

材料（2枚分）

薄力粉……100g
ベーキングパウダー
　（アルミニウムフリー）……5g
きび糖……25g
岩塩……0.4g
卵……1個
牛乳……80g
　※無調整豆乳でも可。
無塩バター……25g
　※太白胡麻油でも可。
サラダ油……適量

下準備

・小さめのボウルに溶いた卵、牛乳、湯せんで溶かしたバターを入れて泡立て器で混ぜ合わせておく。

① ボウルに薄力粉・ベーキングパウダー・きび糖・岩塩を入れ、泡立て器でぐるぐると混ぜ合わせる。混ぜ合わせておいた卵・牛乳・バターを加え、ゴムべらで切るようにさっくりと混ぜる（極力練らないように。多少粉気が残っていてもOK）。

② フライパンを弱火でじっくり加熱し（最低5分）、サラダ油を薄く引いたら一番低い弱火にする。①の生地の約半量をおたまですくい、円形になるようフライパンに流し入れて約8分焼く。ぷつぷつと小さな泡が出てきたらフライ返しで裏返し、約6分焼いたら出来上がり。

3色のスノーボール・クッキー

3色のスノーボール・クッキー

材料を揃えたら、あとはフードプロセッサーにおまかせ！　4ステップ
の簡単レシピながら、噛めばほろほろと崩れる本格的な味わいに仕上が
る自慢の配合です。丸めるサイズは自由ですが、ぽいっと放り込むと口
いっぱいになる大きめサイズがおすすめ。

材料（各16個分）

【プレーン】

無塩バター……65g

和三盆糖……20g＋5g(仕上げシュガー用)

　　※粉糖でも代用可。

アーモンドパウダー……35g

薄力粉……65g

岩塩……0.4g

泣かない粉糖……15g(仕上げシュガー用)

【抹茶味】

無塩バター……65g

粉糖……25g

アーモンドパウダー……35g

抹茶……4g＋2g(仕上げシュガー用)

薄力粉……60g

岩塩……0.4g

泣かない粉糖……15g(仕上げシュガー用)

【ココア味】

無塩バター……65g

粉糖……25g

アーモンドパウダー……35g

ココア……8g＋5g(仕上げシュガー用)

薄力粉……60g

岩塩……0.4g

泣かない粉糖……15g(仕上げシュガー用)

下準備

・バターを1cm角のサイコロ状に切り、冷蔵庫で冷やし
ておく。

※3色とも作り方は同様。

① フードプロセッサーにバターと仕上げシュガー用以
外の全ての材料を入れ、10〜15秒攪拌する。全体が
まんべんなく混ざったら冷やしておいたバターを加
え、さらに10〜15秒攪拌する。生地をラップの上に
取り出し、空気が入らないように包んでひとまとめ
にし、冷蔵庫で1時間冷やす。

② 冷蔵庫から生地を出し、16等分して軽く丸める。オー
ブンを200℃に予熱する。天板にクッキングシート
を敷き、丸めた生地を上から少し押しながら並べ、
転がらないよう安定させる。

③ オーブンの予熱が完了したら190℃に設定し直し、天
板を入れて20分、ほんのりと焼き色がつくまで焼く。
焼き上がったクッキーを網にのせ、粗熱をとる。

④ 食品保存袋に仕上げシュガー用の材料2種を入れ、
口を閉じて上下に振り、中身をざっと混ぜ合わせる。
次いでクッキーも入れて袋ごと振り、シュガーを絡
めたら出来上がり。

天然酵母パンに欠かせない
発酵種のきほん

発酵種の作り方

本書のパンには全て「発酵種」を使用します。この発酵種は次の3段階を経て作ります。まず、レーズン・はちみつ・水で酵母を起こして「レーズン液種」を作ります。次に、レーズン液種・全粒粉・水で酵母を培養して「元種」を作ります。最後に、元種・強力粉・水で粉を発酵させて「発酵種」を作ります。この発酵種が完成するまで、つまりパン作りに取りかかれるようになるまでには最低12日間かかりますが、完成した発酵種のフルーティーな香りとヨーグルトのような質感は、天然酵母パン作りの一番の醍醐味といっても過言ではないほど素晴らしいものです。なるべく失敗が少なくなるようコツもいくつか書きましたので、ぜひ挑戦してみてください。

STEP-1 レーズン液種の作り方

用意するもの

食品用アルコールスプレー
小さめのボウル
小さめの泡立て器（金属製のマドラーでも可）
ゴムべら
トング
ふた付きガラス瓶
　※ジャムの空き瓶など金属のふたを回して閉める気密性の高いものは酵母の炭酸ガスが膨張して爆発する恐れがあるので避ける。
ふた付きガラス瓶がまるごと入る大きさの鍋
キッチンペーパー

材料（作りやすい分量）

ミネラルウォーター……350g
　※硬度150ppm以下のものを使う（超硬水ではうまく発酵しないため）。水道水を沸騰させ、自然に冷ましたものでも可。酵母は弱酸性の環境が適しているので、アルカリイオン水は避けること。

はちみつ……10g
　※天然・非加熱の上質なものを使うとパンの香りや味わいにぐっと差が出る。

レーズン……100g
　※無漂白・有機栽培でオイルコーティングされていないものが望ましい。本書ではマスカットレーズンを使用。

下準備

- 作業を始める直前に両手を石けんでよく洗い、両手・ボウル・泡立て器・ゴムべら・トングに食品用アルコールスプレーを噴射して消毒しておく。
- ふた付きガラス瓶をふたと瓶に分け、それぞれよく洗って鍋に入れる。瓶がひたひたになるぐらいまで水を注いで中火にかけ、沸騰してから約20分煮沸消毒する。キッチンペーパーを4〜5枚敷き、トングで瓶を引き上げて逆さまに置いて約5分、しっかりと水気を切る。瓶の外側や内側に残っている水滴はキッチンペーパーでふきとり、まだ瓶が熱いうちに食品用アルコールスプレーを噴射して自然に冷ます。

① ボウルにミネラルウォーターの1/3とはちみつを入れ、泡立て器ではちみつをよく溶かす。ガラス瓶に残りのミネラルウォーター、レーズン、ボウルのはちみつ水を入れ、泡立て器でよく混ぜる。ふたをして26〜30℃の環境に置いておく。

② 1日2回、ガラス瓶のふたを開けて泡立て器で中身をかき混ぜる。
　※このかき混ぜ作業によって酵母に酸素が行き渡り、発酵力の強い液種が育つ。一方、かき混ぜすぎると、味わいのない軽いパンになるので、1日2回までにする。

③ 26〜30℃の環境を常にキープしつつ②の作業を毎日繰り返すと、5〜7日目にはシャンパンのように発泡し、フルーティーな香りがしてくる。P.81は5日目で発泡が見られた時の経過記録。7日目を過ぎても発泡が見られず、不快な刺激臭がある場合は不具合が起きている可能性が高いので必ず破棄し、最初から作り直す。

1日目

2日目

3日目

4日目

5日目

写真左より、1日目：変化なし。2日目：レーズンがふやけ、液体の色が濃くなる。3日目：レーズンが膨らみ、粒と粒の隙間に小さな泡が出てくる。4日目：レーズンの大半が浮き上がり、その粒の周りに無数の小さな泡がついている。5日目：全てのレーズンにシュワシュワと活発な発泡が見られ、シャンパンのような甘くフルーティーな香りがする。

※初めてレーズン液種を仕込む場合は写真よりも発酵の進み具合が遅いことがあるが、焦らず発泡状態を目安に判断する。

6日目

④ 無事に発泡したら、冷蔵庫に入れて5〜7日寝かせ、状態を安定させる（この間はかき混ぜ作業は不要）。この状態で3〜6ヶ月ほど保存できるが、徐々に発酵力が落ちていくので、その間に必ず次の「元種」の工程を行う。

※パン作りを目的とした酵母なので、飲用など他の用途での使用は絶対に避ける。

レーズン液種の継ぎ方

最初に作ったレーズン液種は、「種継ぎ」用に15g取り分けておきましょう。種継ぎを何年も繰り返すことで作り手が暮らす土地や家屋などの環境に酵母が適応し、パンの味わいも少しずつ変化していきます。生地の発酵が遅れる、焼いたパンが膨らまないなどの失敗も減ってきますので、最初のレーズン液種で安定したパンが焼けなくても、あきらめずに種継ぎを繰り返してみてください。

液種を作る時も継ぐ時も、成功の決め手となるのは「消毒」です。酵母を保管するための26〜30℃という温度、毎日の攪拌作業で空気をたっぷり含んだガラス瓶内の環境は、酵母はもちろん、その他の雑菌も活発化する環境でもあります。人間の手によってなるべく雑菌が混入しないようにしてあげることが、元気な酵母を育て、パンをおいしくかつ美しく焼けるようになる近道です。

[種継ぎの方法]
最初に作ったレーズン液種から15gを取り分けておく。P.80〜81の[レーズン液種の作り方]と同様の道具・材料を用意し、下準備を行う。工程①でガラス瓶にミネラルウォーター、レーズン、はちみつ水を入れる際に取り分けておいたレーズン液種15gも加え、あとは同様に行う。種継ぎの場合は2〜3日すれば工程③のような発泡が見られる。その後は必ず冷蔵庫で5〜7日寝かせ、状態を安定させてからパン作りに使用する。

STEP-2
元種の作り方

用意するもの

ボウル	ざる
ゴムべら	計量器
清潔なガーゼ	計量スプーン（大さじ）
ラップ	食品用アルコールスプレー

材料（作りやすい分量）

全粒粉（強力粉タイプ）……30g
レーズン液種のエキス（下準備欄を参考に濾したもの）……20g
ミネラルウォーター……10g

※P.80「レーズン液種の作り方」材料欄のミネラルウォーターの注意点を参照のこと。

下準備

・作業を始める直前に両手を石けんでよく洗い、両手・ざる・大さじ・ボウル・ゴムべらに食品用アルコールスプレーを噴射して消毒しておく。
・レーズン液種のエキスを搾っておく。計量器にボウルとざるをのせ、清潔なガーゼを重ねる。ガラス瓶からレーズン液種を実ごと大さじ1ほど取ってガーゼにのせ、手で搾る。これを繰り返し、計20gのエキスをとる。

① ボウルに全粒粉、搾っておいたレーズン液種のエキス、ミネラルウォーターを入れ、ゴムべらで粉気がなくなるまでよく混ぜ合わせる。粉気がなくなったらラップをし、25〜30℃の環境で5〜10時間発酵させる。

② 約2倍の大きさに広がったら、そのまま冷蔵庫に移して寝かせる（最低8時間。この状態で最高20時間まで保存可能）。

③ 冷蔵庫で8時間寝かせた状態。次の「発酵種」の工程に進む。

STEP-3
発酵種の作り方

用意するもの
ボウル
ゴムべら
ラップ
食品用アルコールスプレー

材料（作りやすい分量）
元種……全量（約60g）
強力粉……60g
ミネラルウォーター……60g

※P.80「レーズン液種の作り方」材料欄のミネラルウォーターの注意点を参照のこと。

下準備
・作業を始める直前に両手を石けんでよく洗い、作業台・両手・ボウル・ゴムべらに食品用アルコールスプレーを噴射して消毒しておく。

① ボウルに元種とミネラルウォーターを入れ、ゴムべらで元種をゆるめるように溶いてから強力粉も加え、粉気がなくなるまでよく混ぜ合わせる。

② 粉気がなくなったらラップをし、25～30℃の環境で3～7時間発酵させる。約2倍の大きさに広がったら、そのまま冷蔵庫に移して寝かせる（最低8時間。この状態で最高36時間まで保存可能）。最終的に全量約180gとなり、パンを彷彿させる生イーストのような香りになっていたら出来上がり。

発酵種の継ぎ方

　レーズン液種と同様、発酵種も種継ぎしてパン作りに使用することができます。最初の発酵種が完成したら、「種継ぎ」用に60g取り分けておきましょう。ただし、レーズン液種は種継ぎを繰り返すほどに環境になじんでパン作りに使いやすくなるのに対し、発酵種については種継ぎは3回までが適当です。色々なパターンを試した結果、その方が発酵力が安定し、さまざまなタイプの生地に使えて、香りがフルーティーなパンになるという実感からです。
　3回種継ぎした発酵種は、冷蔵庫で寝かせたのち36時間以内に使い切るようにし、使い切れない場合は廃棄します。液種や発酵種は微生物の塊なので、もしご自宅にコンポスターがあれば、生ごみと一緒に入れておくとよく分解してくれます。
　全量約180gを目指して種継ぎする際の材料の割合は「発酵種1：強力粉1：ミネラルウォーター1」が基本ですが、種継ぎ用の発酵種が60gに満たない場合は「発酵種1：強力粉2：ミネラルウォーター2」でも問題なく発酵し、全量約180gが取れます。その場合は酵母がエサ（強力粉）を自分の倍量食べなければならないため、工程②の発酵時間を少し長くしてください。

[種継ぎの方法]
完成した発酵種から60gを取り分けておく。上記の＜発酵種の作り方＞と同様の道具・材料を用意し、下準備を行う。工程①の元種を取り分けておいた発酵種60gに置き換え、あとは同様に行う。

生地の〈折りたたみ〉と〈成形〉の解説

各レシピの中で頻繁に登場する生地の〈折りたたみ〉と〈成形〉の工程について、ここで詳しく解説します。〈折りたたみ〉は酵母の増殖を促したり、グルテンを出して生地にハリやボリュームをもたせるほか、長時間発酵で生まれた香りの成分や旨みのガスをこわさないよう、生地に負担をかけずにやさしくまとめる作業です。〈成形〉は文字通り、焼き上がりを想定して形を整える作業です。「豆乳ロール・パン」のように生地を分割して焼くパンと、「パン・ド・カンパーニュ」のように生地を丸ごと焼くパンとで、少し工程が異なりますので、以下のそれぞれのページを参照してください。

折りたたみ —— 生地を分割して焼くパンの場合　※写真は「メロン・パン」の生地

① カットした生地を裏返し、側面を触りすぎないように注意しながら長方形に整え、向こう側から1/3折る。前後を180度回転させ、再び向こう側から1/3折る。

② 最初の折り終わりと2回目の折り終わりを指でキュッとつまんで閉じる。

③ 閉じ目を上にして90度回転させる。向こう側から1/3折り、そのまま再度向こう側から1/3折る。

④ 折り終わりを指でキュッとつまんで閉じる。

「ベーグル」の場合

「ベーグル」の生地は硬めのため閉じ目が開いてしまいやすいので、工程④の後、閉じ目を上にしてさらに指でキュッと強くつまんで閉じ直し、閉じ目を下にして置き直したのち、両手を生地の下側の丸みに添え、時計回りに2～3回、回すようにして丸く整える。

折りたたみ ── 生地を丸ごと焼くパンの場合 ※写真は「パン・ド・カンパーニュ」の生地

① 生地の側面を触りすぎないように注意しながら長方形に整え、向こう側から1/3折る。

② カードを添えながら前後を180度回転させる。

③ 再び向こう側から1/3折り、最初の折り終わりと2回目の折り終わりを指でキュッとつまんで閉じる。

④ 閉じ目を上にしてカードを添えながら90度回転させる。

⑤ 向こう側から1/3折る。

⑥ そのまま再度向こう側から1/3折り、折り終わりを指でキュッとつまんで閉じる。
※「山食パン」や「パン・デ・ジェマ」の生地は折り終わりが閉じにくいことがあるので、その場合は写真 a のようにすべての端部分を指でキュッとつまんで閉じておく。

⑦ 閉じ目を下にして置き直し、両側面に出来た渦も指でキュッとつまんで閉じる。

「山食パン」「パン・ド・カンパーニュ」の1回目の折りたたみ時

「山食パン」「パン・ド・カンパーニュ」は生地に高さを出したいので、1回目の折りたたみ時のみ工程⑦の後、閉じ目を上にしてカードを添えながら90度回転させ、向こう側から1/3折り、そのまま再度向こう側から1/3折り、折り終わりを指でキュッとつまんで閉じる。閉じ目を下にして置き直し、カードを生地の下側の丸みに添え、時計回りに2～3回、回すようにして丸く整える。

成形 ——生地を分割して焼くパンの場合 ※写真は「塩パン」の生地

① 生地を裏返し、端を指でつまんで中央に持ってきては生地にくっつける。

② 両親指で中央をキュッと押し、閉じる。

③ 向こう側から半分に折り、折り終わりを指でキュッとつまんで閉じる。

④ 閉じ目を上にしてさらに指でキュッと強くつまんで閉じ直す。

⑤ 閉じ目を下にして置き直したのち、両手を生地の下側の丸みに添え、時計回りに2～3回、回すようにして丸く整える。

成形 ── 生地を丸ごと焼くパンの場合　※写真は「パン・デ・ジェマ」の生地

① 生地を裏返し、端を指でつまんで中央に持ってきて生地にくっつける。

② 端を指でつまんで中央に持ってきては生地にくっつける。

③ 向こう側から半分に折る。

④ 折り終わりを指でキュッとつまんで閉じる。

⑤ 閉じ目を上にして90度回転させる。

⑥ 向こう側から1/3折る。

⑦ そのまま再度向こう側から1/3折り、折り終わりを指でキュッとつまんで閉じる。

⑧ 閉じ目を下にして置き直し、両手を生地の下側の丸みに添え、時計回りに2〜3回、回すようにして丸く整える。

⑨ 生地が大きく焼いているうちに閉じ目が開いてしまいやすいので、閉じ目を上にしてさらに指でキュッと強くつまんで閉じ直す。

天然酵母パンの Q&A

Q. 焼いた天然酵母パンの上手な保存方法は？

A. 本書で紹介した天然酵母パンは冷凍保存が可能です。「豆乳ロール・パン」のような小さいパンは1個ずつ、「パン・ド・カンパーニュ」のような大きいパンはブレッドナイフでスライスしてから1枚ずつラップで隙間なく包みます。さらに食品保存袋に入れて可能な限り空気を抜いて密封し、3週間以内には食べ切りましょう。食べる時は冷凍庫から出して霧吹きで軽く水分を与え、解凍せずそのままトースターに入れてOK。焼きたての味がよみがえります。または200℃に予熱したオーブンで4〜5分焼いてもいいでしょう。

Q. フィンガーテストをしたら、生地が縮んでしまいました。

A. フィンガーテストで空気がプシュッと抜けて生地がしぼんでしまったら、おそらく過発酵の状態です。温度環境が30℃以上になると早く発酵する代わりに酵母が活性化しすぎ、生地がダレて扱いにくくなったり、酸っぱいにおいがしたり、逆に風味が飛んでしまったりします。特にカンパーニュ系のパンは温度が高いと不具合が起きやすいので注意が必要です。もし過発酵になってしまったら、麺棒でやさしく生地をのばしてピザにしてしまいましょう。トマトソースやチーズの風味でにおいも消え、おいしくいただけます。

Q. 生地がダレやすい気がします。気のせいでしょうか？

A. もともと天然酵母の生地は、急激な温度変化に弱くダレやすいのですが、本書ではそれに加え、もちもちとした食感を出すために水分を多めに配合したレシピになっています。そのため、最初は生地のやわらかさに驚かれるかもしれませんが、心地よい食感のパンに仕上がりますのでぜひ頑張っていただきたいところです。もしどうしても作りにくいと感じたら、発酵種を溶く時の水（ブリオッシュ生地のパンの場合は牛乳）を5〜10g減らして作ってみてください。そこから徐々に量を増やして慣れていくのもよいでしょう。

Q. レーズン液種の発酵途中で気になるにおいがします。

A. レーズン液種の仕込み過程で鼻を突くような刺激臭がある場合は、必ず破棄し、最初から作り直しましょう。カビが発生した場合もカビをすくって残りを使ったりせず、全て破棄してください。元種についても不快臭がしたら仕込み直す方が賢明です（成功していたらイーストのような香りがします）。

Q. 真夏や真冬の温度管理が不安です。

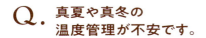

A. 本書のレシピに登場する指定温度を整理すると、以下の5つになります。
【パン作り】
①20〜25℃（カンパーニュ系）
②23〜28℃（カンパーニュ系）
③25〜30℃（カンパーニュ系以外）
【発酵種作り】
④26〜30℃（レーズン液種）
⑤25〜30℃（元種および発酵種）
パン作りにおいては、家の中で適温の場所を探す、湯たんぽや保冷剤を活用する（P.10参照）などの方法を試してください。よい季節であれば室温で発酵作業をすることも可能でしょう（その場合は直射日光が当たる場所やエアコンの風が直撃する場所は避けます）。もし自宅に発酵器や冷温庫があれば、それを利用してください。
一方、発酵種作りには安定した温度環境を維持できるヨーグルトメーカーやオーブンの発酵機能の利用が安心です。それらに合うサイズのガラス瓶を事前に探しておくと便利でしょう。

Q. 冷蔵庫に放置する時は、野菜室がいいのでしょうか？

A. 冷蔵庫で一次発酵のための〈放置〉を行う時は、野菜室やチルド室を避け、冷蔵室（約5℃）に生地が入った食品保存容器を置くようにしてください。その際、冷気の吹き出し口のそばは避けるようにします。また、生地にはにおいが移りやすいので、強いにおいの食品を一緒に入れないようにしましょう。小さな冷蔵庫を使っている一人暮らしの方、ドアの開け閉めの多いご家庭、冷蔵庫内のものが多いご家庭など、冷蔵庫の環境もさまざまだと思いますので、自宅の冷蔵庫のクセを知って発酵時間を微調整してください。

材料のこと

粉

本書のレシピでは、外国産の小麦粉でも国内産の小麦粉でもおいしく作れるように設計しています。私は吸水性がよく、もちもちとした食感に仕上がる国内産の小麦粉で焼くのが好きです。強力粉なら「キタノカオリ」「春よ恋」「香麦（ブレンド粉）」がおすすめ。最近はインターネットでもさまざまな粉が入手できますので、ぜひいろいろ試して、粉あそびの楽しさを知ってください。

レーズン

酵母を起こす時やパンの具に使うレーズンは、オイルコーティングがされていない無漂白・有機栽培のものを使いましょう。酵母には滋賀県大津市にある製パン・製菓材料店「mamapan」で販売されている「有機JAS マスカットレーズン」がおすすめ（webショップでも購入可。https://www.mamapan.jp）。CHIPPRUSONでも長年、このレーズンで酵母を起こしています。

はちみつ

はちみつは、できるだけ天然・非加熱の良質なものを選びます。特にレーズン液種を仕込む時に使うはちみつは、その質がのちのちのパンの香りや味わいに直結します。

砂糖

本書では「きび糖」を中心に使っています。「メロン・パン」の表面にまぶす場合のようにザラメ感を出したい時は「てんさい糖」が向いています。体にやさしい粗糖がおすすめですが、気にならない方は、もちろん白砂糖を使ってもかまいません。

油

食品保存容器に使用する油はサラダ油などくせのない植物油なら何でもOK。香りのよいオリーブオイルは「フォカッチャ」「塩パン」などに、少量でコクと旨みを与えてくれる太白胡麻油は「豆乳ロールパン」などに使います。

バター、卵

パン作りに使うバターは無塩のものを使います。CHIPPRUSONでは「北海道よつ葉バター」を使っています。卵はできるだけ新鮮なものを選ぶようにしましょう。

ドライフルーツ、ナッツ

いちじくなどのドライフルーツはできれば無漂白・無添加のものを使いましょう。くるみやアーモンドなどのナッツ類は生のものをホールで購入し、使う直前にフードプロセッサーなどで砕いてから使うとおいしさが倍増します。

塩

パン生地には溶けやすい海塩、トッピングには甘みのある粗めの岩塩が適しています。CHIPPRUSONでは副材料がたくさん入るリッチなパンには沖縄のシママース、ハード系のパンには、岩塩ですが粒が細かく溶けやすいヒマラヤのピンクロックソルトを使っています。

のこと

　　ここで「CHIPPRUSON」という店について、少しご紹介したいと思います。
　　　長く曲がりくねった道を歩いてきた私が、一番ほっとできる場所です。
　　　　その土地の空気を呼吸して育っていく酵母のように、
　　この店もさまざまな偶然と奇跡を呼吸しながらゆっくりと育ってきました。

　　ものを作るのが好きな子供で、絵本と動物に囲まれて育ちました。
　　　　小学校3年生の時には、絵描きになろうと決めていました。
　　　が、学校という閉鎖的な環境になじめず、ふとしたことから、
　　「ベンポスタ子ども共和国」という青少年の自立のためのサーカス団が
　　　　スペインにあると知り、13歳で移住しました。

　　　1年後、日本に帰国して通信制高校に進学しましたが、
　　　　「絵描きになりたい」という思いを捨てきれず、
　17歳の春、家出のように京都を飛び出してスペインのカタルーニャ州へ渡りました。

　　バルセロナの美術学校の門をたたき、壁画クラスでモザイク画を専攻。
　　　　カタルーニャの伝統的な技法を学びました。
　　　その後も、ボディペイントやメイク、彫金などを学びましたが、
　やはり学校という場になじめずにドロップ・アウト。とうとう体を壊してしまいました。

　　　天然酵母のパン作りに出会ったのは、療養中だった26歳の頃です。
　　ある知り合いが、天然酵母のレシピ本のコピーをくれたのがきっかけでした。
　　　気づけば、ありとあらゆる果物や野菜から酵母を起こし、
　日本や海外のあらゆる小麦粉とオーガニックな材料を使ってパンを焼き、
　絵を描いていた子供の頃のように夢中で実験を繰り返している自分がいました。
　当時、拒食症も患っていたのに、いつのまにか自分で焼いたパンを食べていたのです。

2009年頃、実験結果を記録しておきたくてブログを始め、パンの写真を撮り始めました。
カフェにパンを卸す仕事やパン教室の講師の仕事も始めました。
インスタグラムを始めると、パン作りを趣味にする方々からたくさん反響がありました。

もっともっとパン作りに集中したい、パンでおもしろいことがしたい。
そう思い始めた頃、京都・西陣にある現在のCHIPPRUSONの物件に出会いました。
町家をいろどるカラフルなタイルがバルセロナで学んだモザイク画のようで、
すぐにでもここでパン屋を開きたいと思いました。
内装は、カタルーニャ留学時代の美術家の友人たちに廃材でDIYしてもらいました。

現在は、平日に店で黙々と酵母や発酵種を仕込み、
週末に季節のパンをたくさん焼いてお客様を迎える日々を過ごしています。
私の天然酵母パンのレシピには、これまでの体験の全てがひとつひとつ、
モザイク画のピースのように色鮮やかにはめ込まれています。
まるで絵を描くようにパンを焼ける今の自分の人生に、感謝しています。

斉藤ちえ

1980年京都府宇治市生まれ。病気で療養中だった26歳の頃に天然酵母で作るパンの世界に出会って夢中になり、その様子を文章や写真で記録したブログやインスタグラムがパン作りを趣味とする人々の間で話題に。パンの卸やパン教室などで経験を積み重ね、2013年、京都市北区の西陣に天然酵母パンの店「CHIPPRUSON」を開店。週末に営業するほか、月替わりのパンと焼き菓子セットの通信販売も行っている (http://chippruson.theshop.jp)。

CHIPPRUSON（チップルソン）
http://chippruson.com
京都府京都市北区紫野南舟岡町82-1-1
☎ 075-366-8067
土曜・日曜の11:00am – 6:00pm営業
　（売り切れ次第終了）
※不定期で休み、または振替営業をする場合があるためtwitter (@chippruson) で確認を。

京都「CHIPPRUSON」の天然酵母パン
初めてでもおいしく焼ける

発行日　2018年3月15日　初版第1刷発行

著者　　　　　斉藤ちえ	製作・写真・スタイリング　　斉藤ちえ
発行者　　　　井澤豊一郎	デザイン　　　　藤田康平 (Barber)
発行　　　　　株式会社世界文化社	取材　　　　　　姜 尚美
〒102-8187	プロセス撮影　　内藤貞保
東京都千代田区九段北4-2-29	校正　　　　　　株式会社円水社
電話　03-3262-5118（編集部）	編集　　　　　　平山亜紀（世界文化社）
電話　03-3262-5115（販売部）	
印刷・製本　　凸版印刷株式会社	
DTP　　　　　株式会社明昌堂	

©Chie Saito, 2018. Printed in Japan
ISBN 978-4-418-18303-6
無断転載・複写を禁じます。
定価はカバーに表示してあります。
落丁・乱丁のある場合はお取り替えいたします。